I0606360

Ce qui est unique chez Baudelaire

Roberto Calasso

Ce qui est unique chez Baudelaire

Traduit de l'italien
par Donatien Grau

Les Belles Lettres/Musée d'Orsay

Titre original :

Ciò che si trova solo in Baudelaire

Nous remercions la société des American Friends of the Musées d'Orsay et de l'Orangerie, et notamment Madame Elisa Nuyten, pour leur soutien à la publication de ce livre.

www.lesbelleslettres.com

Retrouvez Les Belles Lettres sur Facebook et Twitter.

ISBN : 978-2-251-45244-9

Sommaire

Je demande à tout homme qui pense de me montrer ce qui subsiste de la vie.

BAUDELAIRE.

I.

Le droit de s'en aller

Baudelaire s'est trouvé vivre au carrefour de la Grande Ville, qui était le carrefour de Paris, qui était le carrefour de l'Europe, qui était le carrefour du XIXe siècle, qui était le carrefour d'aujourd'hui. Ce n'est qu'à travers lui que nous en prenons conscience. On se demande pourquoi. C'est à cause du formidable écart entre son *intelligence* et ce qui l'entourait. Une intelligence d'un nouveau genre, fondée sur les nerfs. Mis à nu, les nerfs étaient le nouveau *sensorium*, le dernier fond – labile – sur lequel s'appuyer. En même temps que le regard. Le regard de Baudelaire n'a pas subi les outrages du temps. Il n'a pas été terni, rien ne l'obscurcit. Pour ceux qui le suivent, comme une lueur intermittente, se révèlent des barrières de corail, des tunnels sans fin, des réseaux de ruelles. Ils constituent le paysage de ses années, qui continue de s'étendre jusqu'à aujourd'hui – et au-delà.

Pour saisir la particularité de l'intelligence de Baudelaire, il suffit de la rapprocher de deux extrêmes avec lesquels il a eu beaucoup à faire : Hugo et Gautier. En dépit de ses efforts, Baudelaire ne pouvait se résoudre à considérer Hugo comme un esprit spéculatif. Tout au plus pouvait-il reconnaître, même dans un essai parsemé d'éloges vibrants, que sa pensée reposait sur « une sagesse abrégée, faite de quelques axiomes irréfutables ». S'il avait dû préciser, Baudelaire aurait dû reconnaître que ces axiomes étaient irréfutables parce qu'ils étaient évidents ou trop vagues. Mais si ce n'est la pensée, qu'est-ce qui avait accordé à Hugo, dès le départ et sans objection plausible, une « véritable dictature dans les choses littéraires » ? Rien d'autre que son affinité avec certains phénomènes naturels. Cela explique la facilité alarmante avec laquelle il pouvait insuffler à toute chose « le mystère de la vie ». Hugo était une turbulence océanique, un rugissement des eaux, un frémissement cataclysmique. Tel était le nouveau qu'il avait introduit dans le vers – et sur ce fond de bouleversement cosmique se détachaient certains « sentiments mystérieux et profonds » qui, jusqu'alors, n'avaient pas débouché sur des mots. Hugo les a évoqués, mais comme un tourbillon perturbe des étendues d'herbe épaisse. Alors se soulevaient « ces masses d'images orageuses, emportées avec la vitesse d'un chaos qui fuit ». C'est dans ce « chaos qui fuit », davantage que dans toute pensée, qu'on reconnaissait Hugo. « Foule sans nom ! chaos ! des voix, des yeux, des pas. »

« Il fait défiler les siècles devant nous, comme des fantômes qui sortiraient d'un mur » : c'est le dernier Hugo. Il a des dons proches de ceux d'un médium – et même sa philosophie est une table tournante. Ou encore, il ressemble à un prestidigitateur, qui force le passé à « parler et gesticuler ». Mais son secret est celui de toujours : la force. Avec la force Hugo a une complicité congénitale. « La force l'enchante et l'enivre ; il va vers elle comme vers une parente : attraction fraternelle. » Ce pacte occulte avec la force explique également pourquoi, vu sous un certain angle, Hugo pouvait apparaître comme un énergumène vaniteux. C'est ce qu'éclairent certaines phrases non négligeables de Baudelaire : « Hugo pense souvent à Prométhée » – et déjà ce début est exaltant. Mais cela continue : Hugo « s'applique un vautour imaginaire sur une poitrine qui n'est lancinée que par les moxas de la vanité ».

Pourtant, soutenu par la force, Hugo parcourait tout le répertoire de l'humain. Mais ce n'est pas ce qui frappait le plus Baudelaire. Plutôt le fait que sa familiarité avec « l'excessif, l'immense » lui permettait d'accéder à « *toute la monstruosité* qui enveloppe l'homme ». C'est là que Baudelaire apparaît, pour aller plus loin. Ce qu'a immédiatement reconnu Sainte-Beuve – et il fit marche arrière.

Quant à Gautier, il est vrai qu'il enchantait Baudelaire avec « cette certitude plastique qui donne un charme irrésistible à tous ses écrits ». Mais trop vite, il s'est détourné de l'acuité de ses perceptions. Il y avait d'autres *copies* à produire dans la journée.

En fait, le seul auteur comparable en intelligence à Baudelaire était Sainte-Beuve. Sauf qu'il avait choisi, dès le départ, de se couper les ailes, pour survivre, pour ne pas trop souffrir. Reconnaissant cette affinité refoulée, Nietzsche le reclus a défini Sainte-Beuve comme un « embryon de Baudelaire ». Quant à Baudelaire lui-même, il était plutôt l'albatros de son sonnet. Ses ailes volumineuses ravivaient constamment sa blessure.

Les deux seuls précurseurs qui tenaient à cœur à Baudelaire lorsqu'il écrivait ses *Salons* étaient Diderot et, dans une moindre mesure, Stendhal. Mais tous deux étaient peu enclins à repérer les indices du *surnaturel*, ce pouvoir « qui donne à chaque objet un sens plus profond, plus volontaire, plus despotique ». Et c'est précisément de ce *surnaturel* que Baudelaire cherchait les traces. Ainsi, la peinture de Delacroix devint pour lui l'emblème de l'état dans lequel « les sens plus attentifs perçoivent des sensations plus retentissantes, où le ciel d'un azur plus transparent s'enfonce comme un abîme plus infini, où les sons tintent musicalement, où les couleurs parlent, où les parfums racontent des mondes d'idées ». Delacroix permettait d'avoir accès à ce monde.

Sur cette voie, on aurait fini par être très loin de Diderot et de Stendhal, qui se seraient probablement moqués du « surnaturel. » Tout d'abord en raison de leur appartenance totale ou élective à un siècle qui avait « pour caractère la négation du mystère ». Ainsi aurait écrit l'un de ses détracteurs partiaux et brillants, tel Ernest Hello. Et il ajoutait, pour parfaire la charge, que le XVIIIe siècle « appartient à la catégorie des monstres et rencontre dans l'histoire l'explication que ceux-ci rencontrent dans la zoologie ». Même si Hello a pu devenir grotesque dans sa fureur anti-Lumières, qui allait jusqu'à impliquer l'ignare Ovide comme premier coupable, sa thèse selon laquelle le mystère avait été le principal ennemi du XVIIIe siècle demeure intacte. Sa cible était le XVIIIe siècle, premier siècle pétulant, où tout le monde avait un mot d'esprit tout prêt, où les grandes langues européennes s'anémiaient, perdant saveurs et résonances, mais devenant plus agiles, plus aptes à être utilisées comme une arme impropre. Jamais le mot *nature* n'avait été autant utilisé. Arthur Lovejoy, un technicien prolifique de l'histoire des idées, a identifié plus de soixante significations différentes attribuées au mot. Pour Rousseau, la *nature* est l'entonnoir de toutes les vertus. Sade, pour ne pas être discourtois envers la *nature*, qui lui avait donné de fortes impulsions criminelles, préconisait de la laisser libre. Quand arrive l'année 1789, l'une et l'autre doctrines – et bien d'autres – trouvèrent à se concrétiser sans trop de difficultés. Certains peintres, modestes théoriciens, se fixaient d'emblée l'imitation de la nature. Mais laquelle de ces plus de soixante natures ? Personne ne leur a demandé. La peinture se présentait désormais comme docilement attelée à la casuistique des genres, dont certains – le sublime en premier lieu – apparaissaient désormais vides et stériles. En fait, où chercher le mystère dans les images du XVIIIe siècle ? Pas le « mystère évident » d'une table de cuisine de Chardin, mais le mystère qui implique un enchevêtrement et une complicité entre le visible et l'invisible ? Certainement pas sur les murs des Salons. Là-bas, Diderot ne l'a jamais vu accueilli. Et on ne peut pas dire qu'il en ressentait le manque. Et pourtant, qu'il s'agisse des *grandes machines* ou des scènes champêtres ou galantes, partout il y avait quelque chose d'étroit, d'aride, de mesquin dans l'agrément. Et ce n'est que là où il y a eu une plongée aveugle dans le détail ou l'atmosphère, comme chez Chardin ou parfois chez Watteau, que l'on a l'impression d'échapper à une certaine raideur civilisée, qui serrait la gorge.

Baudelaire débuta avec un *Salon*, et quelques années plus tard, se trouvant en écrire un autre, il parlait de « cette espèce d'article si ennuyeux qu'on l'appelle le *Salon* ». Traverser les vastes espaces bitumés qui s'ouvraient chaque printemps dans les salles du Louvre ou, plus tard, du palais des Beaux-Arts, devait être passablement déprimant. « Nulle explosion ; pas de génies inconnus. » Mais surtout une enfilade de personnages aux postures niaises ou balourdes, souvent affublés de costumes d'époque. *Tous les noms de l'histoire* étaient convoqués, sans jamais accorder au passé son étrangeté salutaire, mais en le réduisant à une modeste gamme d'expressions convenues. Qu'est-ce qui manquait, quel souffle était absent dans ce tableau oppressant, pour que Baudelaire éprouve le besoin de s'en échapper ? Il finit donc par ne trouver l'hospitalité que parmi les nuages de Boudin, « tous ces nuages aux formes fantastiques et lumineuses, ces ténèbres chaotiques, ces immensités vertes et roses, suspendues et ajoutées les unes aux autres, ces fournaises béantes, ces firmaments de satin noir ou violet, fripé, roulé ou déchiré, ces horizons en deuil ou ruisselants de métal fondu ». Ici, Baudelaire, avec un procédé théurgique, allait bien au-delà du délicieux Boudin, qui ne servait que de support occasionnel à l'évocation (ainsi fonctionne la magie). Ce que Baudelaire évoquait, c'était ce souffle embrassant tout qui ne respirait plus dans la peinture après la Révolution française. Et ce souffle avait un nom : Tiepolo. Tout le XIXe siècle était marqué, comme un troupeau, par ce manque. Un jour, sans s'en rendre compte, il avait perdu à jamais le sens souverain de la *sprezzatura*, de l'aisance, de la fluidité dans le mouvement. Ce vaste souffle, à la mesure des cieux, qui pour la dernière fois s'était manifesté avec Tiepolo et sa famille. Baudelaire n'en savait rien, car il n'avait pas eu l'occasion de rencontrer leurs œuvres (aucun pays n'avait été aussi réticent à les accueillir que la France, farouche gardienne de sa propre manière). Mais avec une précision visionnaire, il évoquait cette silhouette en négatif, sur la base de ce qui manquait, de l'air qu'on ne *respirait* pas dans le Paris surchargé du Second Empire.

La sensibilité est traversée par un certain nombre d'axes, parfois incompatibles. L'un est celui de Stendhal, l'autre celui de Chateaubriand. Hostiles en tout. Même lorsqu'ils aiment la même chose, ils la présentent de manière opposée et avec des arguments discordants. Mais il peut y avoir une troisième possibilité, celle de ceux qui participent naturellement à ces deux axes incompatibles. Et qui en partagent les arguments et réactions, même s'ils sont divergents. C'est l'axe de Baudelaire. Inévitablement, beaucoup accusent Baudelaire de se contredire. Mais aucune accusation ne l'aurait moins troublé. Il fut au contraire le solitaire et intrépide défenseur du droit inaliénable de se contredire : « Parmi l'énumération nombreuse des *droits de l'homme* que la sagesse du XIXe siècle recommence si souvent et si complaisamment, deux assez importants ont été oubliés, qui sont le droit de se contredire et le droit de *s'en aller*. » C'est surtout dans ce dernier cas que Baudelaire pourrait apporter une contribution précieuse à la doctrine toujours incertaine des droits de l'homme.

Il n'y aurait pas eu besoin de Nietzsche pour liquider toute prétention à un *système*. Baudelaire l'avait déjà fait en quelques lignes d'un délicieux *persiflage*. Et pas même en discourant de sommets métaphysiques, mais en discutant d'un événement courant comme l'*Exposition universelle* de 1855. Certes, lui aussi, « comme tous ses amis », avait ressenti l'attrait de s'« enfermer dans un système pour y prêcher à (s)on aise ». L'ironie pourrait déjà suffire à ce stade. Mais Baudelaire poursuit, se souvenant avec un enthousiasme feint : « Et toujours mon système était beau, vaste, spacieux, commode, propre et lisse surtout ; du moins il me paraissait tel. Et toujours un produit spontané, inattendu, de la vitalité universelle venait donner un démenti à ma science enfantine et vieillotte, fille déplorable de l'utopie. » Difficile de trouver un exemple plus efficace pour saper sans remède une prétention qui avait pourtant un passé impressionnant.

La doctrine des *correspondances* chez Baudelaire, qui a tant fait peiner les exégètes, est l'évidence même, le présupposé universel pour quiconque accepte la vision mystérieuse – donc ésotérique, hermétique, analogique – de l'existence. De Platon à Plotin, et de Plotin à Giordano Bruno, c'était une ligne constante et inflexible qui traversait l'histoire, c'était la *chaîne d'or* à laquelle Baudelaire s'est accroché en ultime descendant, dénué de toute bigoterie et prêt à hybrider les doctrines anciennes avec des expériences de pensée beaucoup plus récentes. Poe fut pour lui l'emblème de cette hybridation.

À la différence de Goethe, Baudelaire n'entendait pas fixer des distinctions rigides entre *allégorie* et *symbole*. Comme toujours, il était plus attiré par le fait de montrer ces catégories *en acte*. Ainsi, le symbole et l'allégorie peuvent se superposer ou coïncider. Ou en tout cas, ils déteignent l'un sur l'autre. Cela se produit dès que l'on atteint « cet état mystérieux et temporaire de l'esprit, où la profondeur de la vie, hérissée de ses problèmes multiples, se révèle tout entière dans le spectacle, si naturel et si trivial qu'il soit, qu'on a sous les yeux, – où le premier objet venu devient symbole parlant ». C'est l'origine du symbole, une description de la façon dont le symbole *advient*. Mais c'est aussi la source de l'allégorie. Cinq lignes plus loin, après une allusion à Fourier et à Swedenborg avec leurs analogies et leurs correspondances, qui ne sont rien d'autre que la trame même des symboles, Baudelaire ajoute : arrivé au point où le symbole parle, « l'intelligence de l'allégorie prend en vous des proportions inconnues de vous-mêmes ». Sans presque s'en rendre compte, on est passé du symbole à l'allégorie. Les deux mots impliquent un surplus de sens qui ne se scinde qu'à certains moments. C'est l'essentiel. Et Baudelaire ne semble guère intéressé par une distinction supplémentaire.

Baudelaire était un être naturellement métaphysique, intolérant à tout systématisme, peu enclin aux raisonnements prolongés et conséquents. La seule doctrine qui réapparaît constamment dans toute son œuvre – et parfois avec un élan irrésistible, qu'elle se manifeste dans un sonnet (*Correspondances*), dans une lettre (à Toussenel), dans un essai (sur Wagner, sur Hugo) – est celle de l'*analogie universelle.*

Les incipits spéculatifs de Baudelaire sont souvent fulgurants – où qu'ils se trouvent : dans les *Salons*, dans les lettres, dans les essais, dans les fragments. Mais les développements s'arrêtent le plus souvent à la troisième ou quatrième étape. La pensée dévie bientôt, se ramifie, s'ensable capricieusement. Cela a souvent exaspéré ses interprètes, comme si Baudelaire, d'un même geste, annonçait et dissimulait une doctrine. Mais ce n'était le fait ni de la malice, ni de l'incapacité, ni de l'étourderie. La raison est plus simple et plus pénible : Baudelaire n'a *jamais* eu l'occasion d'élaborer ses propres écrits sans angoisse. C'est ce qu'il confie dans une lettre à Caroline à propos de son deuxième essai sur Poe : « Ma seconde notice me donne un mal de tous les diables. Il faut parler *religion* et *science* ; tantôt c'est l'instruction suffisante qui me manque, tantôt l'argent, ou le calme, ce qui est presque la même chose. » Penser, c'était ce qui se passait dans les intervalles entre ces interférences.

Pour Baudelaire, la poésie ne se sent pas obligée de ne parler que d'elle-même, ce qui serait une entreprise plutôt monotone. Le monde, dans son désordre et sa bigarrure, continue de fournir des occasions pour les mots. Même le funambulisme de la voyance, que Rimbaud pratiqua avec un superbe sens théâtral, ne plaisait pas à Baudelaire. Lorsqu'il écrit sur l'écriture, il n'y a jamais chez lui d'abus de termes hiératiques ou grandiloquents, presque par allergie et méfiance profonde envers les démonstrations trop pointilleuses. Il s'est gardé de toute prétention pompeuse à la littérature, même celle tirée du déni et de l'ombre. Il allait jusqu'à déclarer sa réticence à « prononcer le mot *littéraire* », car – disait-il – « il appartient à l'affreux argot de notre époque ».

Ses grandes avancées théoriques arrivent comme des rafales imprévisibles traversant un paysage accidenté. Quand se profile la possibilité qu'une nouvelle école de poètes suive ses traces (et ce ne sont autres que le jeune Verlaine et Mallarmé encore inconnu...), Baudelaire aussitôt se retire, d'un geste de répulsion. À sa mère – et presque en s'excusant (« comme je sais que les moindres bagatelles qui me concernent peuvent t'amuser ») – il réserve son seul commentaire sur l'essai que Verlaine lui a dédié : « Il y a du talent chez ces jeunes gens ; mais que de folies ! quelles exagérations et quelle infatuation de jeunesse ! Depuis quelques années je surprenais, çà et là, des imitations et des tendances qui m'alarmaient.

Je ne connais rien de plus compromettant que les imitateurs et je n'aime rien tant que d'être seul. Mais ce n'est pas possible ; et il paraît que l'*école Baudelaire* existe. » C'est vrai : cette école a existé et a envahi tous les coins et recoins. Mais, à un siècle et demi de distance, Baudelaire peut se réjouir : il a enfin retrouvé la solitude.

Il est imprudent d'attribuer certaines pensées à des peintres qui ont eu la grâce de ne pas les formuler. Mais il est indéniable que la peinture heureuse recèle un surplus de significations. Et celles-ci débordent, défiant le spectateur. Comment les traiter, les nommer ? La réponse de Roberto Longhi a été de produire une texture verbale correspondante, *per analogiam*. Mais cela reproduit la question, à un autre niveau : qu'est-ce qui se signifiait à travers cette texture ? La solution de l'insoluble se trouve dans une coupe nette, comme le nœud gordien. C'était la méthode de Baudelaire : traiter les images comme si elles parlaient, comme si leurs significations n'étaient pas moins évidentes que celles véhiculées par les mots. Mais en le faisant par éclairs, par taches, en arrachant ces mots figuratifs à l'obscurité invincible du monde. Et sans les attribuer à une volonté ou à une intention, encore moins à celle de leur auteur. Si ces images ne pouvaient parler, la nature non plus. Et le monde serait aphone, alors qu'il résonne continuellement.

L'ivresse ou l'oppression étaient pour Baudelaire reconnaissables dans la contraction et l'expansion de l'espace et du temps. Un soupçon de bonheur accompagnait ces états dans lesquels – spontanément ou avec l'aide de l'opium ou du haschisch, beaucoup plus que du vin – l'espace et le temps devenaient *profonds*, annulaient leur aspect de surfaces opaques et révélaient, peu à peu, un dédale de coulisses, parmi lesquelles on pouvait se perdre. Ce sont « les moments de l'existence dans lesquels le temps et l'extension sont les plus profonds et le sentiment d'existence immensément accru ». L'exclamation d'ouverture du *Vin des amants*, comme un fracas de cymbales, signale l'entrée dans un de ces moments : « Aujourd'hui l'espace est splendide ! » Ce qui suit n'est pas à la hauteur de l'abstraction du début, selon laquelle c'est l'espace lui-même qui crée l'ivresse, et non ce qui y apparaît. Mais même ici, Baudelaire parvient à insérer une image qui n'appartient qu'à lui, celle des deux amants.

« Mollement balancés sur l'aile
Du tourbillon intelligent,
Dans un délire parallèle. »

« Glorifier le culte des images (ma grande, mon unique, ma primitive passion). » Peu de mots de Baudelaire ont un poids aussi spécifique – et des conséquences aussi ramifiées. Sa vie entière, tout ce qu'il a écrit, peuvent être vus comme des applications de ce culte. Toutes les divisions entre poésie, critique, prose tombent. Tout converge vers un point : les images, dans leur multiplicité bigarrée et enveloppante. C'était donc une décision stratégique – et pleine de sous-entendus – que Baudelaire veuille dédier son essai le plus important et le plus construit non pas à un peintre, mais à un illustrateur.

Guys livrait ses dessins à l'*Illustrated London News* afin qu'ils puissent en tirer des planches à publier à côté des articles. Ainsi, les lecteurs anglais ne savaient pas qu'ils voyaient la guerre de Crimée à travers les yeux de Constantin Guys. Qui « se défendait d'être artiste comme un gentilhomme d'autrefois se serait interdit de faire négoce ». C'était peut-être une forme de dandysme supérieur. Ou peut-être quelque chose de plus radical encore : une volonté de noyer l'art dans le tourbillon des images qui circulent, sans le distinguer, sans lui attribuer une noblesse particulière. Lorsque l'essai de Baudelaire paraît dans le *Figaro*, « le peintre de la vie moderne » n'est désigné que par des initiales. Ce flirt avec l'anonymat a rapproché Guys des grands illustrateurs de mode comme Debucourt ou Saint-Aubin. Des images considérées comme futiles, voire ridicules, par des « ces gens graves sans vraie gravité ». Les mêmes personnes qui, au Louvre, ne veulent voir que Titien et Raphaël et négligent tout le reste. Le respect de l'art, insinue Baudelaire, peut aussi être un obstacle fatal à la compréhension, à la pratique du « culte des images ». Et au contraire – comme les Goncourt l'observaient dans ces années-là – « Il n'y a d'amusant que les arts inférieurs. »

Cela enchantait Baudelaire, dans les dessins de Guys, tout comme « l'absence complète d'antiquité » qu'ils impliquent, comme s'il s'agissait d'une végétation subite et proliférante, *ultronea creatio*. Gautier a soutenu que l'on y captait « le sentiment profond de ce que nous appellerons décadence, faute d'un mot s'adaptant mieux à notre idée ; mais on sait ce que Baudelaire entendait par décadence ».

En écrivant sur Guys, Baudelaire est allé non seulement au-delà de Guys, mais au-delà de lui-même, au-delà de la poésie des *Fleurs du mal*, où l'on sent souvent le poids de l'époque, qui impose certaines constructions thématiques, certaines rimes obligées. Le passé peut aussi être ce qui donne à toute chose l'air d'un devoir d'école.

Installé à Honfleur, Baudelaire attend avec impatience l'arrivée des illustrations de mode frivoles et envoûtantes du *Journal des dames et des modes* de Pierre La Mésangère. Ce sont là ses inspirations secrètes. Il écrit à Poulet-Malassis : « Vous ne sauriez croire de quelle utilité pourront m'être les choses légères, non seulement par les *images*, mais aussi par le *texte*. » C'est comme si Baudelaire anticipait Mallarmé, qui – plus laborieux et constant – aurait composé de ses propres mains un équivalent de La Mésangère, en publiant les rares livraisons de la « Dernière Mode. »

Au début du *Peintre de la vie moderne*, tel un pianiste se déliant les mains avec quelques arpèges, Baudelaire fait allusion aux gravures à la mode de Pierre La Mésangère et, immédiatement après, propose avec désinvolture une définition de la Beauté. Oscillation du détail le plus éphémère au ciel des idées. La définition proposée par Baudelaire ne brille pas, à première vue, par sa nouveauté et son originalité : « Le beau est fait d'un élément éternel, invariable, dont la quantité est excessivement difficile à déterminer, et d'un élément relatif, circonstanciel, qui sera, si l'on veut, tour à tour ou tout ensemble, l'époque, la mode, la morale, la passion. » Sans cet apport, l'élément invariable de la beauté serait « indigestible, inappréciable, non adapté et non approprié à la nature humaine ». Jusqu'à présent, nous sommes encore dans le domaine des évidences nobles – ou du moins des idées qui circulaient dans l'air à l'époque. On a fort justement remarqué que dans l'*Esquisse d'une philosophie* de Lamennais on trouve une distinction analogue – quoique plus douce et plus timorée dans le style (Lamennais n'aurait jamais osé écrire que la partie variable du Beau est une « enveloppe amusante »). Mais un premier écart typiquement baudelairien se manifeste immédiatement après : « Dans l'art hiératique [comprendre : l'art archaïque], la dualité se fait voir au premier coup d'œil ; la partie de beauté éternelle ne se manifeste qu'avec la permission et sous la règle de la religion à laquelle appartient l'artiste. Dans l'œuvre la plus frivole d'un artiste raffiné appartenant à une de ces époques que nous qualifions trop vaniteusement de civilisées, la dualité se montre également ; la portion éternelle de beauté sera en même temps voilée et exprimée, sinon par la mode, au moins par le tempérament particulier de l'auteur. La dualité de l'art est une conséquence fatale de la dualité de l'homme. » Ici, Baudelaire se montre enfin au grand jour, avec toute sa capacité de provocation. Tout d'abord, la *mode* est mise sur le même plan que la *religion archaïque*. Tous deux sont le filtre par lequel doit passer la « beauté éternelle. » Et ceci est déjà déconcertant, non seulement parce qu'il parle tranquillement d'*œuvres frivoles*, mais parce que la religion archaïque – celle que l'on commençait à découvrir dans certaines salles du Louvre, chez les Assyriens et les Égyptiens – est liée à la fois à la « beauté éternelle » et à la mode. Et non moins scandaleuse, la référence au « tempérament particulier de l'auteur ». Comme si l'idiosyncrasie irréductible de l'individu (l'artiste) devenait la règle – et non la nature ou du moins la tradition, comme cela avait été répété pendant des siècles. En quelques lignes, Baudelaire a préparé le terrain pour un bouleversement général. Mais ce n'était que pour introduire un écart encore plus désorientant, qui, sous forme de paralogisme, apparaît dans les lignes suivantes : « Considérez, si cela vous plaît, la partie éternellement subsistante comme l'âme de l'art, et l'élément variable comme son corps. C'est pourquoi Stendhal, esprit impertinent, taquin, répugnant même, mais dont les impertinences provoquent utilement la méditation, s'est rapproché de la vérité, plus que beaucoup d'autres, en disant que *le Beau n'est que la promesse du bonheur.* »

Avec une amabilité sournoise, Baudelaire nous avertit immédiatement qu'il pousse sa provocation encore plus loin. Et il le fait en utilisant le masque de Stendhal. L'impertinence attribuée à Stendhal, c'est ce que Baudelaire s'apprête à montrer en introduisant dans son traitement du Beau un élément qui lui était jusqu'alors resté étranger : *le bonheur.*

Une longue compétition traverse le XIXe siècle, avec pour objet l'ennui. Le premier champion – et presque l'inventeur du concours – est René de Chateaubriand. Son ennui se distingue par son imprécision et son manque de détails. C'est un souffle enveloppant, une tonalité inédite. Chez Baudelaire, l'ennui devient un « monstre délicat », et se dresse comme un Bès sinistre au seuil d'un cycle lyrique entier, qui est celui des *Fleurs du mal.* Ainsi, l'ennui continue à innerver le langage, à le renforcer. Ce n'est qu'avec Rimbaud que le langage est abandonné, comme une voie de garage, et que l'ennui prétend atteindre son paroxysme en s'alliant à une certaine abjection salutaire, qui n'est atteinte que lorsqu'on est « loin de toute société intelligente ». Mais c'est précisément cela qui permet d'en revendiquer la primauté. Rimbaud écrit à sa famille du Harar, jetant ses mots contre un mur, mais avec la fierté de celui qui sait qu'il a battu ses adversaires : « Je m'ennuie beaucoup, toujours ; je n'ai d'ailleurs jamais connu personne qui s'ennuyât autant que moi. »

Dans la prose française, le timbre le plus proche de celui de Baudelaire, même s'il est impossible à confondre avec le sien, appartient à Chateaubriand. Baudelaire a essayé de le décrire un jour, en mentionnant cet « accent non pas surnaturel mais presque étranger à l'humanité, moitié terrestre et moitié extra-terrestre, que l'on rencontre parfois dans les *Mémoires d'outre-tombe*, quand, la colère ou l'orgueil blessé se taisant, le mépris du grand René des choses de la terre devient tout à fait désintéressé ». Un siècle plus tard, Julien Gracq poursuit cette description, se camouflant lui-même dans la voix de Chateaubriand, lorsqu'il parle de la prose des *Mémoires* comme d'« un étrange univers lacunaire, qui dérive peu à peu vers la nuit, troué de ces longues déchirures intercalaires qu'on voit aux nuages du couchant, morcelé par les grands effondrements du souvenir ».

Mais il y a une distinction entre Chateaubriand et Baudelaire, une ligne invisible où le premier s'oblige à s'arrêter et où l'autre avance, comme s'il était enfin sur son propre terrain. Pour le reste, tout les rapprochait, de l'inextirpable dandysme à la sonorité du langage. Tous deux savaient – et Chateaubriand l'a écrit avec une sécheresse mémorable – qu'« Avec ce mot de *nature*, on a tout perdu ». Et pourtant, au-delà d'un certain point, les chemins se séparent. Un point que l'on peut percevoir, chez Chateaubriand, dans les phrases de la préface d'*Atala* qui suivent immédiatement celles sur le mot nature : « De là les détails fastidieux de mille romans où l'on décrit jusqu'au bonnet de nuit, et à la robe de chambre ; de là ces drames infâmes, qui ont succédé aux chefs-d'œuvre de Racine. Il faut certes peindre la nature, mais la belle nature : l'art ne doit pas se préoccuper de l'imitation des monstres. » Il est déjà assez étrange que Chateaubriand se préoccupe autant des « détails fastidieux » qui encombrent « mille romans ». Pourtant, il écrivait bien avant l'apparition de Balzac, dans des années où les romans se distinguaient plutôt par la rareté des objets nommés. Mais ces « détails fastidieux » étaient une prémonition qui rejoignait Baudelaire, lui qui émaillait ses vers de ces détails, avec des effets qui souvent ont détonné et donnent la saveur inimitable de sa poésie. Mais le moment où Chateaubriand semble déjà s'adresser directement à Baudelaire et se séparer de lui est l'apophtegme suivant, qui aurait pu être cité par le procureur Pinard dans son réquisitoire contre les *Fleurs du mal* : « L'art ne doit pas s'occuper de l'imitation des monstres. » La réponse astrale viendra au début des *Fleurs du mal* elles-mêmes, où la créature préférée de Chateaubriand, cet ennui que René avait lâché sur la langue française, est définie comme un « monstre délicat », objet et sujet de tout le livre qui suit.

Le René de Chateaubriand est indéniablement l'ancêtre de tous les ténébreux mélancoliques et suicidaires qui émaillent le siècle et en sont presque la marque d'origine, mais le personnage est encore trop facilement diatonique, dépourvu de cet apport de chromatisme qui déborde chez Baudelaire. René adolescent se détache de ses compagnons pour s'asseoir « à l'écart pour contempler la nue fugitive ou entendre la pluie tomber sur le feuillage ». C'est la modulation la plus audacieuse qu'il s'autorise. Pour le reste : « Le matin de la vie est comme le matin du jour, plein de pureté, d'images et d'harmonies. » Mais écoutons maintenant Baudelaire : « Ma jeunesse ne fut qu'un ténébreux orage, / Traversé çà et là par de brillants soleils. » C'est comme écouter l'ouverture de *Tristan* après celle de l'*Anacréon* de Cherubini.

« L'obscurité naturelle des choses » : c'est la perception la plus fréquente, celle que tout le monde partage. Mais il fallait qu'elle vienne à Baudelaire pour être nommée. Et Baudelaire devait cacher ces mots dans le commentaire d'un tableau parmi tant d'autres représentant des sujets militaires. Il en va de même pour la façon dont Baudelaire lui-même se laisse percevoir. Souvent à travers des lambeaux de vers, ou des phrases éparses en prose. Mais c'est suffisant. Baudelaire agit comme Chopin (le premier à avoir rapproché les deux noms est Gide, dans une note à un article de 1910). Il pénètre là où les autres n'arrivent pas, comme un murmure irrépressible, parce que sa source sonore est indéfinie et trop proche. Chopin et Baudelaire se reconnaissent avant tout à leur timbre, qui peut venir en rafales d'un piano caché derrière des volets mi-clos ou se détacher de la poussière de la mémoire. Et dans tous les cas, il blesse.

Baudelaire avait parfaitement raison lorsqu'il écrivait à sa mère que *Mon cœur mis à nu* ferait « pâlir les *Confessions* de Jean-Jacques ». Il n'y a jamais, en effet, chez Baudelaire la fâcheuse insistance sur la sincérité qui pèse sur tout Rousseau. Et Baudelaire ne risquait certainement pas de succomber à ce certain « attendrissement nerveux qui remplissait ses yeux [ceux de Rousseau] de larmes, à la vue d'une belle action qu'il aurait voulu accomplir ». Dans *Mon cœur mis à nu*, chaque fragment est une unique secousse nerveuse qui se consume en quelques mots. Mais si frappants. Jamais nous n'assistons à la répétition d'arguments ressassés à son profit. Baudelaire les fuyait par pur sentiment d'ennui, et par une répulsion d'abord esthétique. S'il répétait quelque chose, c'était des listes de règles de conduite qu'il avait violées d'innombrables fois et qu'il allait bientôt violer à nouveau.

On peut être ouvertement religieux et incapable de prier. On peut être apparemment irréligieux et capable de prier. Baudelaire appartenait à cette dernière catégorie. C'est comme si en lui coexistaient un sauvage, comme on aurait dit alors, et un liturgiste. Baudelaire pratiquait très souvent la prière, et dans ses formes les plus élémentaires, comme une demande véhémente de quelque chose. Ou exaspérée, par l'usure de ses nerfs. Mais toujours avec un pathos désarmant. Même dans le carnet où il répertoriait inlassablement les noms de ses créanciers et les comptes de gains hypothétiques, on lit : « *prière immédiate avant la toilette* » (qui était longue et minutieuse). Dans une feuille volante, il note : « Je vous recommande les âmes de mon père et de Mariette. » Le père, presque inconnu. Mariette, « la servante au grand cœur ». Sur un autre feuillet, sous l'inscription : « Hygiène. Conduite. Méthode », on trouve : « Faire tous les matins *ma prière à Dieu, réservoir de toute force et de toute justice, à mon père, à Mariette et à Poe, comme intercesseurs.* » Dans une lettre à sa mère en avril 1861, il parle d'une longue période d'attirance pour le suicide. Mais il ajoute : « En même temps, *et pendant trois mois*, par une contradiction singulière, mais seulement apparente, j'ai prié ! *à toute heure* (qui ? quel être défini ? je n'en sais absolument rien) pour obtenir deux choses : pour moi, la force de vivre ; pour toi, de longues, longues années. »

Quatre fois Baudelaire a accordé la *grâce de la reconnaissance*, avec une autorité péremptoire. Ce fut le cas pour Delacroix, Guys, Wagner, Poe. Mais l'inverse ne s'est jamais produit pour lui. Personne n'a eu la volonté ou la capacité de le reconnaître de son vivant. Wagner avait pris Baudelaire pour l'un de ces vagues jeunes hommes qui vibraient pour ses œuvres. Hugo lui accorde une phrase mémorable dans une lettre (« vous créez un frisson nouveau »), Sainte-Beuve un paragraphe ambivalent et tranchant dans un article sur une réforme souhaitable de l'Académie. En privé ou de manière indirecte – très indirecte – sont venus les seuls mots *justes*. Jamais, cependant, de manière frontale et directe. Gautier, dédicataire des *Fleurs du mal*, a écrit à contrecœur l'article à la mort de Baudelaire, déplorant le passage du temps qui oblige à « enterrer tous ses amis, et de faire de la copie avec leur cadavre ». C'est ce qu'il observe dans une lettre de Genève, un jour où « la Nature, qui se soucie fort peu des crevés, a jugé à propos de mettre ses tentures bleues ».

Avec l'avènement du Second Empire, Baudelaire écrit qu'il se sent « dépolitisé » – un mot à comprendre dans un sens violent, comme s'il équivalait à *écorché*. À partir de ce moment-là, il a évité de faire référence à l'actualité politique. Mais à quelques exceptions près, dont une longue lettre à son vieil ami Nadar (l'un des rares qu'il tutoie), dans laquelle Baudelaire se lançait dans une analyse sagace de la guerre que menait Napoléon III en Italie. La conclusion était abrupte et allait loin : « La politique, mon cher ami, est une science sans cœur. C'est ce que tu ne veux pas reconnaître. Si tu étais jésuite et révolutionnaire, comme tout vrai politique le doit être, ou l'est fatalement, tu n'aurais pas tant de regrets pour les amis jetés de côté. » Ces quelques mots suffisent à comprendre que, entre les deux branches ennemies du génie politique français – celle de Talleyrand et celle de Chateaubriand – Baudelaire inclinait, si tant est qu'il le fasse, du côté de Talleyrand. La politique est « sans cœur » parce qu'elle bannit tout *wishful thinking*. Cela suffit à réduire à néant les intuitions lumineuses de Chateaubriand. Mais l'observation la plus précieuse, où Baudelaire se retrouve seul, est celle sur le véritable homme politique qui est « fatalement » jésuite et révolutionnaire, donc même s'il ne s'en rend pas compte, même s'il pense être un conservateur ou peut-être un réactionnaire. Cela n'avait encore été dit par personne – pas même par Talleyrand ou Joseph de Maistre, les seuls qui auraient *pu* le dire – et cela correspondait déjà à la vision du Nouveau Monde que l'on pouvait rencontrer chez un auteur ignoré par Baudelaire : Tocqueville.

« Je suis étourdi, abêti ; tu sais que j'avais pris l'habitude d'une pensée lente et patiente, l'habitude des journées heureuses. » (Baudelaire à Caroline). Cette habitude n'a jamais été plus qu'une aspiration. « La pensée lente et patiente » était une tache occasionnelle et fugace. Normalité : état d'épuisement chronique, dans « cette ville maudite, inondée de chaleur, de lumière et de poussière » : Paris. Toute l'œuvre de Baudelaire est donc constituée d'éclairs, la partie en prose plus encore que la partie en poésie. Mais ces flashs sont inflexiblement liés les uns aux autres. Si on les plaçait côte à côte, à l'exclusion du reste, on obtiendrait une structure fusionnée et cohérente. Une opération qui implique une longue familiarité, une errance tenace dans tous les recoins des écrits de Baudelaire, parmi les fourrés et les forêts. Alors certains mots, certaines expressions sonneraient immédiatement comme des signaux appelant un essaim de pensées. Si, au long des années et dans les textes les plus divers, Baudelaire revient à une certaine formule – par exemple « sorcellerie évocatoire » –, il faut reconnaître qu'il s'agit de talismans, de signes de reconnaissance pour cette « pensée lente et patiente » qui n'avait jamais réussi à s'articuler sans entraves, mais qui continuait à respirer dans l'ombre, comme un grand animal marin qui ne laissait émerger que quelques écailles brillantes de son dos.

Les notes de Laforgue sur Baudelaire sont alarmantes, comme si elles provenaient de quelque interférence parapsychologique. Ce n'est plus un critique, un lecteur qui parle, mais une physiologie qui s'associe à une autre, dans une commune circulation de sève. C'est la seule façon d'expliquer certaines observations :

« il est toujours courtois avec le laid » ;

« Ce grain de poésie unique où fermente toujours (même quand les mots parlent d'autre chose) la nostalgie des quais froids de la Seine aux rives vicieuses et mal aux cheveux pour la jeunesse passée aux Indes » ;

« il aime le mot charmant appliqué à des choses équivoques » ;

« l'ange a toujours chez lui une silhouette d'huissier » ;

« chat, hindou, yankee, épiscopal alchimiste ».

« *Difficile est proprie communia dicere* », lit-on dans Horace. Parmi les choses « communes » qu'il est difficile de dire « correctement » se distingue le sexe. Pour certains écrivains, c'est un territoire inaccessible – et c'est bien ainsi. Pour quelques autres, c'est comme respirer : quelque chose qui se produit partout, sans avoir besoin d'être nommé. Comme John Donne, comme Baudelaire. De lui, Laforgue dit : « Il a dramatisé et enrichi l'alcôve. » Un grand éloge, si l'on pense à l'insipidité du lit des romantiques.

Un hypothétique pendant de Baudelaire en images est le cinéma en noir et blanc – et ce pourrait être des figures de Guys superposées à un paysage de Méryon, qui dégage « la solennité naturelle d'une ville immense ». Escaliers, rideaux, ombres, effleurés par l'objectif de Max Ophuls. Contraste entre la douceur vibrante de la chair et la rugosité sèche de la pierre. Rien n'est plus éloigné du *plein air* impressionniste, inventé par des peintres « beaucoup trop herbivores » pour le système nerveux de Baudelaire. Il apprécie chez Manet « la saveur espagnole la plus forte », le fond d'obscurité qui peut s'ouvrir sur « le charme inattendu d'un bijou rose et noir », mais rien n'indique qu'il ait entrevu chez lui la « luminosité blonde » célébrée par Zola.

Il n'est arrivé qu'une seule fois à Baudelaire d'être obligé d'assumer le rôle du bon sens. C'était avec Méryon, face à sa paranoïa rocailleuse. Ils regardaient la gravure du Petit Pont – et Baudelaire a remarqué que Méryon avait introduit dans le ciel une nuée de prédateurs. Il a timidement observé « qu'il était invraisemblable de mettre autant d'aigles dans un ciel parisien ». Gravement, Méryon répondit que « *ces gens-là* (le gouvernement de l'Empereur) avaient souvent lâché des aigles pour étudier les présages, suivant le rite, et que cela avait été imprimé dans les journaux, même dans le *Moniteur*... ». Pause de silence. Un peu plus tard, Méryon demande à Baudelaire s'il connaît Poe. Baudelaire explique qu'il le connaît « mieux que personne ». Méryon continue, imperturbable. Il demande à Baudelaire s'il croit « à la réalité de cet Edgar Poe ». Baudelaire demande, interloqué, à qui d'autre « attribuer toutes ses nouvelles ». Méryon : « à une *Société de littérateurs très habiles, très puissants, et au courant de tout* ». Puis il continue à argumenter, selon ses propres critères impénétrables.

Lorsqu'ils se séparèrent, Baudelaire réalisa qu'il avait parlé à quelqu'un qui vivait en permanence au-delà d'une frontière : « Après qu'il m'a quitté, je me suis demandé comment il se faisait que moi, qui ai toujours eu, dans l'esprit et dans les nerfs, tout ce qu'il fallait pour devenir fou, je ne le fusse pas devenu. Sérieusement, j'ai adressé au ciel les remerciements du pharisien. »

« Baudelaire critique ne s'est jamais trompé », écrit Valéry. Personne n'a été en mesure de le contredire. Et il n'y en a pas d'autres dont on puisse dire la même chose. La « sensualité raisonnée » propre à Baudelaire « a pressenti, ou orienté, le goût prochain » : c'est ainsi que Valéry tente d'expliquer le phénomène. Et il écrivait cela plus de soixante-dix ans après la mort de Baudelaire. Près de cent autres ont passé et la situation est restée identique. Deux siècles ont passé sans parvenir à se distancier de Baudelaire. Peut-être que rien d'essentiel n'a été ajouté. Ou peut-être que cette certaine manière de juger, qui s'écarte de l'esthétique et des nerfs pour se frayer un chemin vers une métaphysique clandestine, a une résistance au temps semblable à celle des équations et des théorèmes.

Nietzsche lit les *œuvres posthumes* de Baudelaire en janvier-février de son année fatale et finale, 1888. Et là, il trouve une page dans les *Fusées* où leurs voix ne font qu'une. Voici le début chez Baudelaire : « Le monde va finir. La seule raison, pour laquelle il pourrait durer, c'est qu'il existe... » Nietzsche le transpose sobrement, comme Baudelaire lui-même pour parler du « développement ultérieur de l'humanité ». À partir de là, Nietzsche traduit Baudelaire avec de légères variations, parfois juxtaposées au texte français : « Rien des rêveries sanglantes, sacrilèges ou anti-naturelles des utopistes ne pourra se comparer aux résultats réels [du progrès] », ainsi Baudelaire. « Toutes les folies rêvées par les socialistes seront en retard sur la réalité des faits », disait Nietzsche. Parfois, texte et traduction se confondent : « Est-il peut-être nécessaire de dire que ce reste de politique qui subsistera *se débattra dans les étreintes de l'animalité générale* ? » Et là, Nietzsche se permet une parenthèse : « (des choses à faire se dresser les cheveux !) » Nietzsche omet une référence au *Siècle*, où Baudelaire préfigure un « journal qui ferait considérer le *Siècle* d'alors comme un suppôt de la superstition ». Mais garde une phrase décisive, où Baudelaire et Nietzsche convergent : « Moi qui sens quelquefois en moi le ridicule d'un prophète. » C'est la phrase qui pourrait sceller la grande année théâtrale de Nietzsche, qui se clôt par *Ecce homo*. Nietzsche omet cependant la phrase la plus frappante de toutes, qui peut être lue comme le défi de Baudelaire : « Je demande à tout homme qui pense de me montrer ce qui subsiste de la vie. »

Pour comprendre ce que Baudelaire entend par « allégorie », il n'est pas nécessaire d'ouvrir un manuel de rhétorique. Ce genre que « les peintres maladroits nous ont accoutumés à mépriser », était pour lui un « vernis magique » qui se répand sur tout. Puis « Paysages dentelés, horizons fuyants, perspectives de villes blanchies par la lividité cadavéreuse de l'orage, ou illuminées par les ardeurs concentrées des soleils couchants – profondeur de l'espace, allégorie de la profondeur du temps –, la danse, le geste ou la déclamation des comédiens, si vous vous êtes jeté dans un théâtre – la première phrase venue, si vos yeux tombent sur un livre – tout enfin, l'universalité des êtres se dresse devant vous avec une gloire nouvelle non soupçonnée jusqu'alors ».

Ce n'est pas là matière à manuels. Et, outre les paysages visionnaires, deux fragments se détachent ici : « la première phrase venue », reconnaissance de la haute souveraincté du hasard, et « profondeur de l'espace, allégorie de la profondeur du temps », vibrante anticipation de *Parsifal* : « *Zum Raum wird hier die Zeit* », « Ici l'espace devient temps. »

II.

Analecta Baudelairiana

Baudelaire présente Guys à ses amis « *réalistes* » (Champfleury, Duranty). Ils ne comprenaient pas cet homme bizarre. Il faut dire ceci des réalistes : ils ne *voient* pas – et d'abord ce qu'ils appellent avec tant de déférence « la réalité ». « Décidément les *réalistes* ne sont pas des *observateurs* », écrivait Baudelaire à Poulet-Malassis. Pourquoi ce grave défaut ? « Ils ne savent pas s'amuser. Ils n'ont pas la patience philosophique nécessaire. » Et Guys était un sujet hautement philosophique, un homme « charmant, plein d'esprit » et « pas ignorant comme tous les littérateurs », prêt à se disputer avec Baudelaire qui avait dit vouloir écrire sur lui. Il l'avait donc obligé à n'utiliser que l'initiale de son nom. *Monsieur G., peintre de mœurs* : c'est ainsi qu'aurait dû s'intituler ce qui est peut-être l'essai suprême de Baudelaire, *Le Peintre de la vie moderne*. Alors qu'il écrivait à Poulet-Malassis à propos des réalistes qui « ne savent pas s'amuser » et « n'ont pas la patience philosophique nécessaire », Baudelaire ne savait pas – et ne s'en serait probablement pas soucié – qu'il rayait une grande partie de la littérature du siècle suivant.

Lors de leur première rencontre, Gautier demande à Baudelaire, « avec un œil curieusement méfiant », s'il aime lire les dictionnaires. L'écrivain déjà illustre soumettait le jeune écrivain à un examen, peut-être définitif. Baudelaire, « lexicomane » depuis toujours, n'eut aucune difficulté à répondre. Et il observait dans son for intérieur : « Il me dit cela d'ailleurs comme il dit toute chose, fort tranquillement, et du ton qu'un autre aurait pris pour s'informer si je préférais la lecture des voyages à celle des romans. » De ces plaisanteries faussement fortuites, qui sont autant de pièges, est faite l'histoire de la littérature. C'est ainsi que survivent l'épreuve initiatique – et l'initiation elle-même.

Dans les mois de Bruxelles, le grotesque est ininterrompu. Mais pas seulement dans ses contacts avec *l'esprit belge*. Baudelaire écume même lorsqu'il doit faire face à la gloire parisienne par excellence : Hugo et les siens, car Hugo signifie une tribu. Être invité dans la maison du grand exilé est un supplice. Baudelaire devient donc un chroniqueur aigre, comme le sera un jour Jules Renard. Voici le récit à sa mère : « J'ai été contraint de dîner hier chez Mme Hugo, avec ses fils. (Il a fallu emprunter une chemise) – Mon Dieu ! qu'une ancienne belle femme est donc ridicule quand elle laisse voir son regret de n'être plus adulée ! – Et ces petits messieurs, que j'ai connus tout petits, et qui veulent diriger le monde ! Aussi bêtes que leur mère, et tous les trois, mère et fils, aussi bêtes, aussi sots que le père ! – Ils m'ont beaucoup tourmenté, beaucoup tracassé, et je me suis laissé faire comme un joyeux bonhomme. – Si j'étais un homme célèbre et si j'étais affligé d'un fils qui singeât mes défauts, je le tuerais par horreur de moi-même. »

Baudelaire ne s'aligne jamais sur les *laudatores temporis acti* – quelle que soit l'époque. Et ce, tout en exécrant, avec plus d'efficacité que d'autres, la vision de son environnement. Mais il met un point d'honneur à trouver la beauté du moderne, souvent ignorée ou malmenée par les thuriféraires les plus arrogants des temps nouveaux. Beaucoup se plaignent de la décadence du pittoresque. Il y a un manque de couleur, disent-ils. Tout devient uniforme, tout rentre dans le rang. C'est une complainte chorale, qui traverse la société en diagonale, des loges des concierges aux salons du faubourg Saint-Germain. Mais Baudelaire a aussi une réponse toute prête : « Remarquez bien que l'habit noir et la redingote ont non seulement leur beauté politique, qui est l'expression de l'égalité universelle, mais encore leur beauté poétique, qui est l'expression de l'âme publique ; – une immense défilade de croque-morts, croque-morts politiques, croque-morts amoureux, croque-morts bourgeois. Nous célébrons tous quelque enterrement. » C'est une version de type de Chateaubriand, saupoudrée de vitriol.

Il arrive que les censeurs, même les plus obtus, aient une bonne oreille. Si le tribunal de Paris a condamné les *Fleurs du mal*, c'est aussi parce qu'il y a vu un outrage d'un genre inconnu jusqu'alors. Certainement pas celui des libertins du XVIIIe siècle. Et même pas celui de Sade. Rien de mécanique et de pétulant. Mais quelque chose de plus sérieux, un mélange d'obscénité et de piété. On n'avait jamais rencontré auparavant une telle « sensualité liturgique ». Et à quoi se reconnaissait-elle ? Au timbre. « La singularité de son timbre poétique dépend en grande partie de ceci, que les gémissements de plaisir refoulés, les soupirs amoureux, les privautés d'alcôve, viennent éveiller comme naturellement dans ses vers des résonances de cathédrale. »

Madame Sabatier était une demi-mondaine, qui recevait les écrivains et les artistes susceptibles de lui rendre la pareille (comme Flaubert) avec des billets d'une galanterie appuyée ou même d'une aigreur masculine mesquine (comme les Goncourt, qui la traitaient de « vivandière de faunes »). D'autres partageaient occasionnellement son lit. Mme Sabatier faisait de sa gaieté, de sa santé et de son absence de scrupules manifestes une profession. Elle savait qu'il devait en être ainsi, pour que le manège continue à tourner. Baudelaire, qui l'aimait mais qui montra à cette occasion qu'il ne voulait pas du tout avoir une relation avec elle – peut-être seulement pour ne pas compliquer davantage l'écheveau dans lequel il vivait empêtré –, a été le seul à saisir ce qu'on pourrait appeler *le secret de Mme Sabatier* (qui est d'ailleurs le même que celui de Rita Hayworth dans *Gilda* et de bien d'autres) : « Que c'est un dur métier que d'être belle femme / Et que c'est le travail banal / De la danseuse folle et froide qui se pâme / Dans un sourire machinal. » Peut-être que depuis de nombreux siècles, de nombreuses femmes, à la beauté légendaire ou simplement vantée, attendaient qu'un poète nomme ce sentiment qu'elles éprouvaient et taisaient chaque jour. Peut-être par peur de croiser le regard malveillant du premier mâle ou – pire encore – de la première femme pas aussi belle à qui elles auraient osé en parler.

Alors que ses autres adorateurs – et pas les plus négligeables, Gautier et Flaubert – adressaient à Mme Sabatier des sous-entendus galants, Baudelaire lui adressa un jour les plus délicates louanges – on peut le supposer – qu'il lui soit arrivé d'accueillir dans son riche répertoire. Et ce n'est pas en vers, mais dans la prose de la lettre anonyme qui accompagnait le poème intitulé plus tard *Le Flambeau vivant* : « D'ailleurs, vous avez été, sans aucun doute, tellement abreuvée, saturée de flatteries, qu'une seule chose peut vous flatter désormais, c'est d'apprendre que vous faites le bien, – même sans le savoir, – même en dormant, – simplement en vivant. » Seul le poète des fleurs du mal pouvait définir avec une telle franchise une chose encore plus difficile à nommer : une fleur du bien. Même celle d'une réputation non irréprochable.

L'aura de madame Sabatier devait être bénéfique, en effet. Dans les jours mêmes de cette lettre, Baudelaire était obligé de mettre en gage ses vêtements, afin de pouvoir s'en sortir. Mais il gardait pourtant l'habitude de confier certains livres aux meilleurs relieurs de l'époque, tels que Lortic et Capé. Lorsqu'il offrit à sa mère un exemplaire des poèmes de Poe, il lui recommanda immédiatement de le remettre, de sa part, à « M. Capé, *relieur de l'Impératrice, rue Dauphine* ». Il ajoutait quelques recommandations (notamment « ne pas rogner les marges »), mais concluait :

« Quant à la reliure, *Capé* connaît mes idées. » Le soin et l'attention apportés au superflu, même en l'absence du nécessaire : la règle de vie du *dandy*, semblable à une règle monastique.

Baudelaire n'avait pas un talent d'auteur dramatique. Mais il fut tenté à plusieurs reprises par le théâtre, notamment comme mirage de profits rapides. En janvier 1854, Hippolyte Tisserant, célèbre acteur de l'Odéon, lui fit une de ces propositions. Baudelaire lui répondit par une longue lettre dans laquelle il profita d'abord de l'occasion pour demander un prêt d'argent. Mais alors, comme preuve de sa bonne volonté, il dessinait les grandes lignes de ce qui serait devenu « un drame hautement mélancolique basé sur la *rêverie, l'oisiveté, la misère, l'ivresse et le meurtre* ». Nous poursuivons la lecture et, comme si nous entrions dans une hallucination, nous nous rendons compte que nous suivons une histoire parallèle qui est terriblement proche de celle du *Wozzeck* de Büchner. Qui, à l'époque, n'avait pas encore été représenté au théâtre, près de vingt ans après la mort de l'auteur, et attendrait encore longtemps une édition imprimée fiable. Il est donc impossible que Baudelaire ait connu ce texte. Et pourtant, comme poussé par un puissant aimant, Baudelaire avait identifié un sujet dramatique qu'il présentait à Tisserant avec des mots qui pourraient souvent convenir à Wozzeck. Tout d'abord la source : comme pour Büchner, un fait divers criminel. Ensuite, le milieu. Baudelaire : « Ma principale préoccupation, quand je commençais à rêver à mon sujet, fut : à quelle classe, à quelle profession doit appartenir le personnage principal de la pièce ? – J'ai décidément adopté une profession lourde, triviale, rude : le scieur de long. » Puis il prend une chanson « horriblement mélancolique » (comme dans *Wozzeck*). Puis le drame : « Ce scieur de long si aimable finit par jeter sa femme à l'eau » (comme dans *Wozzeck*). Le motif ? « Ivresse et jalousie. » Surtout : impossibilité de supporter l'innocence de la femme. Le crime : dans *Wozzeck*, il y a un bois sinistre et un étang ; dans le drame de Baudelaire : « Route ou plaine obscure. – Dans le lointain, bruits d'orchestres de bastringue. – Paysage sinistre et mélancolique des environs de Paris. – Scène d'amour, – aussi triste que possible, – entre cet homme et cette femme. » Chez Büchner, *Wozzeck* poignarde sa femme à mort juste après l'avoir caressée. Au loin, musique de taverne. Puis *Wozzeck* jette le couteau dans l'étang. Chez Baudelaire, le scieur laisse sa femme se noyer dans un puits « presque à ras de la terre ». Les similitudes avec Büchner concernent également la forme. Dans un post-scriptum à Tisserant, Baudelaire écrit : « Je serais bien *disposé* à diviser l'œuvre en *plusieurs tableaux* courts, au lieu d'adopter l'incommode division des cinq longs actes. » Ce que Baudelaire suggère est ce que Büchner avait déjà accompli – et ce qui fait de *Wozzeck* le premier, ainsi que le plus grand, des drames expressionnistes. Enfin : pourquoi le crime se produit-il ? Parce que c'est « une atrocité sans prétexte », selon Baudelaire. Et la vraie différence, là où brille le génie dramaturgique de Büchner, réside dans le fait que Wozzeck *n'a pas besoin* d'être un alcoolique, comme le scieur de Baudelaire : Wozzeck tue parce que *quelque chose le pousse* à tuer : un marasme irrémédiable. C'est là, ajoutait Baudelaire, le défi le plus difficile : faire comprendre le crime. Et d'ajouter : « Remarquez, de plus, que le public des théâtres n'est pas familiarisé avec la très fine psychologie du crime. » C'est ce dont parlaient Büchner – et Baudelaire. Tous deux semblent avoir eu la vision d'une même matière dramatique, *dotée d'une vie propre*, qui n'attendait qu'eux pour se manifester. Mais tout n'était pas prêt. Il faudra encore une longue période de latence avant que *Wozzeck* ne déflagre dans la lumière et le son de l'orchestre de Berg. Pour Baudelaire, ce projet de théâtre restera comme l'une des nombreuses « belles occasions » qu'il avait l'habitude de manquer.

Même à l'époque des échanges les plus frénétiques et délicats des épreuves des *Fleurs du mal*, il arrivait à Baudelaire d'envoyer ses missives à Poulet-Malassis sans les affranchir, faute de timbres ou de centimes pour les acheter.

Seule dans la maison-jouet, et distraite seulement par la visite de quelques curés, voisines ou connaissances parisiennes, Caroline avait néanmoins, bon gré mal gré, quelques « espions ». Alors que Charles décrivait sa vie dans des lettres sporadiques comme une horreur ininterrompue, les espions racontaient l'avoir rencontré par hasard à Paris : joyeux, bien habillé et semblant en bonne santé. Comment répondre ? Il est toujours difficile de réfuter les espions. Baudelaire répondit avec un souffle nerveux : « On t'a dit que j'étais gai ? jamais. Est-ce que c'est possible ? – ou bien je le suis de manière à faire peur, et à me débarrasser vite des gens. »

Lorsque Baudelaire se laisse aller (très rarement) à évoquer quelques moments passés avec Caroline, aussitôt la prose vibre de pathos. On sent dans ce ton l'onde lointaine de Rousseau. Mais il n'y a rien de son auto-apitoiement débridé. Tout est douloureusement précis : « Il y a déjà longtemps, *au moment des 500 fr.* [c'est ainsi que Baudelaire marque le temps : d'une échéance de billets à ordre à un afflux inattendu d'argent], je suis allé, tout seul, bien entendu, à Versailles. J'adore Versailles et les Trianons. Ce sont de bonnes solitudes. Je n'ai pas pu m'empêcher, en cours de route, de penser à toi, puisque nous avions fait ensemble, il y a quelques années, le même trajet, depuis la rue d'Amsterdam, jusqu'à Saint-Cloud, je crois. Tu revenais alors de Madrid ou de Constantinople. Tu reconnaissais certains points de vue devant lesquels tu criais avec ton emphase habituelle : « que c'est beau ! » et puis tu ajoutais : « *Mais toi, tu ne sens pas les beautés de la nature, ce n'est pas de ton âge.* » – Car c'est ainsi que tu t'exprimes – les cultures de Trianon m'ont positivement ébloui ! alors je me suis figuré que tu étais avec moi ; – je t'ai vue, réellement vue, faisant une espèce de grimace que je connais bien, et me disant : « *Tout cela est bien beau* ; mais vois-tu, mon cher enfant, *j'aime encore mieux* mon jardin. » Chère mère, je voudrais te faire rire. »

Dans les premiers vers des *Fleurs du mal*, Baudelaire évoque un « monstre délicat » appelé Ennui. Mais pourquoi lui conférer une majuscule ? Pourquoi en faire le gardien du seuil ? Pourquoi élire cet Ennui comme guide et unique médiateur entre l'auteur et l'« hypocrite lecteur » ? La réponse se trouve chez Benjamin, qui répond à l'image par l'image : « L'ennui est un tissu gris et chaud, qui a toujours la doublure en soie la plus splendide et la plus colorée. C'est dans ce tissu que nous nous enveloppons quand nous rêvons. Puis on se sent à l'aise dans les arabesques de sa doublure. Mais le dormeur a l'air gris et ennuyé sous ce tissu. Et s'il se réveille et veut raconter ce qu'il a rêvé, il ne fait le plus souvent que communiquer cet ennui. Car qui serait capable de retourner la doublure du temps d'un seul geste ? Et pourtant, le récit des rêves n'est rien d'autre que cela. Et ce n'est pas autrement que nous pouvons traiter des *passages*, des architectures dans lesquelles nous retournons vivre la vie de nos parents et grands-parents, ainsi que l'embryon dans la mère la vie des animaux. Dans ces espaces, l'existence s'écoule sans accents comme la vie dans les rêves. L'errance est le rythme de cette somnolence. »

Tout avait commencé par une image. Mais aussitôt, elle avait glissé sur un irrésistible toboggan vers des régions oniriques, pour nous faire nous retrouver à la fin, passants éberlués, devant les fenêtres des *passages*. Une opération comme celle-ci ne pouvait réussir qu'à quelqu'un qui, comme Benjamin, était étranger au concept. Voire, un ennemi. Son territoire était l'image, dans toutes ses variations, de l'*image d'Épinal* à l'emblème. En cela, il s'apparente à Baudelaire plus qu'à tout autre. Comme Baudelaire, un habile contrebandier qui sait trouver « l'accès au royaume souterrain de l'image ».

Il y a une obsession pressante derrière chaque fragment de *Zentralpark*, un manuscrit qui est un peu comme le fil de fer du grand œuvre sur les *passages* en perpétuelle formation. La marchandise, le fétiche, le toujours pareil, l'allégorie, l'éternel retour, le *flâneur*, Blanqui. Ces éléments – et quelques autres – réapparaissent périodiquement comme dans un manège, comme si la table de Mendeleïev avait été réduite à une douzaine d'éléments. Plutôt que d'écrire *sur* Baudelaire, Benjamin s'est permis d'écrire à travers Baudelaire. Il l'a élu comme le filtre de son sensorium, comme s'il était une *seconde nature*. Parfois, la superposition est telle qu'on ne peut dire si c'est Benjamin qui éclaire Baudelaire ou l'inverse. Pourtant, il y a d'autres moments où l'on sent une divergence abrupte, voire une incompatibilité. Surtout lorsque sortent les pattes ongulées du matérialisme dialectique – et prétendent tirer des démonstrations d'une matière qui lui est réfractaire. Et, plus subtilement, là où affleure la profonde répulsion, pour ne pas dire la terreur, de Benjamin pour ce qu'il appelait le *mythe*.

Baudelaire a à peine effleuré Füssli, d'abord à travers quelques lignes de Gautier, qui trouvait à juste titre délicieux que le peintre se soit amusé, dans son *Songe d'été*, à « donner aux Sylphides les chapeaux de paille de Paméla, et aux Lutins la perruque poudrée de Grandisson ». Mais à cette époque, les toiles de Füssli s'entassaient dans les arrière-boutiques de Londres. On les considérait comme ridicules, alors qu'elles étaient si souvent comiques – d'un comique triste et frivole que personne d'autre n'avait atteint.

Plus que Gautier, le lien avec Füssli allait être Poe. Baudelaire *était devenu* pour un temps Edgar Allan Poe, expliqua-t-il un jour à Thoré, dans une lettre véhémente – tout comme Manet était devenu pour un temps Velázquez. C'est la physiologie de l'art : une série d'immersions temporaires et totales dans d'autres êtres, qui sont des parties de notre être. Or, il se trouve que le personnage héraldique de Poe, le splénétique propriétaire de la Maison Usher, lorsqu'il se consacrait à la peinture a produit des images d'une « lumière sulfureuse » pour lesquelles Poe n'a recours qu'à un seul rapprochement : les « rêveries de Füssli, éclatantes sans doute, mais encore trop concrètes ». De l'unique tableau de Roderick Usher qui nous est décrit, nous savons qu'il s'agit d'« un souterrain immensément long, rectangulaire » – ou, selon les termes de Manganelli, « d'un tombeau éclairé par un torrent de lumière impossible ». Mais qui, jusqu'alors, avait été capable de générer une telle lumière ectoplasmique si ce n'est Füssli ?

Poe publia *La Chute de la maison Usher* en 1839, alors que Baudelaire avait dix-huit ans. C'était un cadeau propitiatoire pour l'adolescent inconnu qui allait parcourir les rues de Paris, où il plaiderait la cause du surnaturalisme en peinture. Comme l'une des toiles d'araignée qui habitent ses tableaux, Füssli présidait au courant psychique qui allait bientôt s'établir entre Poe et Baudelaire. À travers Poe, Baudelaire s'est imprégné de Füssli. Giorgio Manganelli donna une définition de la prose de Poe impossible à améliorer quand il écrivit qu'elle « accueille et soude en elle la parodie et la terreur ». Ces mots sont tout aussi justes pour définir l'art de Füssli.

Coupure de presse que Baudelaire a trouvée à Bruxelles, « à propos de l'enterrement (*civil*) d'Armellini. »

« Description minutieuse du catafalque. »

Et puis : « ... Derrière, suivait L'INNOMBRABLE MULTITUDE DES LIBRES-PENSEURS. »

Baudelaire souhaitait ardemment retourner voir Saint-Loup à Namur, « cette église des Jésuites dont je ne me lasserai jamais ». Il l'annonce dans une lettre du 30 janvier. Mais ce n'est que le 15 mars qu'il put se rendre à Namur, pour s'effondrer sur le sol de Saint-Loup. La procrastination le tenait dans ses griffes, elle ne le laissait même pas libre de se laisser abattre par le mal.

Dans une rapide note autobiographique, Baudelaire écrit : « Vie libre à Paris, premières relations littéraires : Ourliac, Gérard, Balzac, Le Vavasseur, Delatouche.

Voyages aux Indes : première aventure, navire démâté ; île Maurice, île Bourbon, Malabar, Ceylan, Indoustan, Cap ; promenades heureuses. »

Mais il n'y avait eu qu'un seul voyage, et il s'était arrêté à l'île Maurice. Baudelaire n'avait jamais vu Ceylan, Malabar, l'Hindustan. C'était comme si l'Inde devait lui appartenir. Et le troisième poème publié par Baudelaire sous son propre nom était *À une Malabaraise*, sa seule composition d'un érotisme intact – évoquant, par personne interposée, « *dans nos sales brouillards, / des cocotiers absents les fantômes épars* ».

III.

Retour au bordel-musée

Lorsque Baudelaire mit ses pieds (nus et mouillés) dans le bordel-musée, les *Histoires extraordinaires* de Poe, dont il a réalisé la traduction et l'introduction, étaient sorties en librairie depuis trois jours. Baudelaire avait aussitôt reçu trois exemplaires. Il en déposa deux chez le notaire Ancelle. L'un pour le notaire lui-même, l'autre pour sa mère Caroline. Un exemplaire « sale et vilain » – s'est-il excusé – parce qu'il avait « gribouillé sur la couverture d'une manière indigne ».

C'était le matin du samedi 15 mars. Mais qu'était devenu le troisième exemplaire ? Dès le jeudi soir, entre deux et trois heures, Baudelaire avait ressenti en rêve le « *devoir* » de l'offrir à la maîtresse d'un grand bordel. (« Je considérais comme un devoir d'offrir à la *maîtresse* d'une grande maison de prostitution un livre de moi qui venait de paraître. ») Il s'agissait donc du premier exemplaire du livre à être offert. Et Baudelaire voulait le présenter de ses propres mains. Il a même ressenti « la nécessité » de l'offrir à cette *maîtresse*. Un besoin qu'il a expliqué par le fait que « c'était un livre obscène ». Mais les *Histoires extraordinaires* ne sont pas obscènes – ni un livre de Baudelaire. Alors que les *Fleurs du mal*, qui sortiraient un an plus tard, étaient non seulement de Baudelaire mais seraient immédiatement condamnées pour obscénité par le Tribunal. La vision de Baudelaire semblait se projeter avec précision dans l'avenir immédiat. Ce n'était pas seulement Baudelaire qui se superposait à Poe, mais Poe qui prenait les traits de Baudelaire : il devenait obscène. Cet échange était fondé sur une bonne raison. Il n'y a peut-être aucun exemple dans l'histoire littéraire d'une osmose aussi extrême entre deux auteurs. À Thoré, des années plus tard, Baudelaire écrira : « Savez-vous pourquoi j'ai traduit Poe ? Parce qu'il me ressemblait. » Une ressemblance telle qu'elle légitime un échange occasionnel de personnes. En outre, les *Histoires extraordinaires* contenaient un essai magistral de Baudelaire, qui n'était pas seulement un portrait de Poe mais aussi un autoportrait de l'écrivain en bouc émissaire. Et puis elles ont été présentées dans sa propre *langue*. Nombreux sont ceux qui préfèrent, au phrasé parfois ampoulé et désuet de Poe, la prose souple et lumineuse de Baudelaire.

Une autre bonne raison pour laquelle Baudelaire pouvait présenter les *Histoires extraordinaires* comme son propre livre était que les traductions de Poe allaient être pour Baudelaire le seul revenu solide de sa vie. Lui qui, dès le début, s'était défini comme un être sur le marché (« Moi qui vends ma pensée et qui veux être auteur ») n'aura pu se vendre qu'à travers Poe. Les *Histoires extraordinaires* ont été éditées à six reprises en quelques années et constituent le seul de ses livres dont on dit qu'il est « dans toutes les mains ». Avant cette traduction, le nom de Baudelaire n'était apparu que sur la couverture des deux minces *Salons* de 1845 et 1846, de diffusion très restreinte. Et de toute façon, Baudelaire détruisit les exemplaires restants du *Salon de 1845*. On peut donc dire qu'en ces jours de mars 1856, Baudelaire s'est offert pour la première fois à l'exposition et à la vente au monde. De collègue à collègue, en vendeur d'obscénités, il a voulu offrir un avant-goût de sa marchandise à la *maîtresse* d'une *grande* maison de prostitution. Donner un exemplaire de son livre à la *maîtresse* de ce bordel revenait à le remettre à la Bibliothèque nationale. Il s'agissait de le déposer à sa place naturelle et c'était aussi une modeste garantie de survie.

Mais ce n'était pas la seule pensée qui guidait Baudelaire dans sa pérégrination nocturne, où il profitait de la calèche de son ami Castille, qui avait « plusieurs courses à faire ». Étranges, ces « courses diverses » entre deux et trois heures du matin. Mais d'une étrangeté qui servait à donner à toute l'affaire un air de normalité. Baudelaire pensait, en se présentant à la maison close, avoir aussi « un prétexte, une occasion de baiser, en passant, une des filles de la maison ». Mais à cela s'ajoutait un raisonnement : « ce qui implique que, sans la nécessité d'offrir le livre, je n'aurais pas osé aller dans une pareille maison ». On observe d'abord, pour la *troisième* fois, le recours à une *nécessité*. Et puis une singulière incongruité : si Baudelaire offrait le *premier* exemplaire de son livre à cette *maîtresse* et non à sa mère Caroline ni à son amante Jeanne, qui dormait à côté de lui, on peut raisonnablement supposer qu'il avait une relation étroite et ancienne avec cette femme (et avec sa maison). Or, aujourd'hui, Baudelaire dit que, sans le « prétexte » du livre à donner, il n'aurait pas « osé » entrer dans cette maison, comme s'il était encore un étudiant timide qui patrouille autour des lieux de vice mais ne se hasarde pas à y mettre les pieds. Un paradoxe se présente alors : sans le livre, il n'y a pas d'accès au désir, mais si le livre ne contient pas déjà du désir en lui-même – au point d'être défini comme obscène –, il ne peut servir de « prétexte » pour accéder au désir. C'est la circulation équivoque et inéluctable entre le désir et le livre. Baudelaire s'y est trouvé mêlé chaque jour de sa vie. C'est une autre raison pour laquelle il a cru devoir de rendre visite à la maîtresse sans nom.

Il a dû vite constater quelles conséquences pratiques pouvait avoir un paradoxe, conséquences qui embarrassent et choquent à la fois : « Aussitôt après avoir sonné et être entré, je m'aperçois que ma p... (pine) pend par la fente de mon pantalon déboutonné, et je juge qu'il est indécent de me présenter ainsi même dans un pareil endroit. De plus, en me sentant les pieds très mouillés, je m'aperçois que j'ai les *pieds nus*, et que je les ai posés dans une mare humide, au bas de l'escalier. » Ce n'est donc pas le vieil ami de la *maîtresse* et bon client de la maison qui apparaissait à la porte du bordel. Mais un être peu présentable *même* pour un bordel, un être en qui se mêlaient l'exhibitionniste et le mendiant. Baudelaire a souffert toute sa vie des semelles trouées de ses chaussures – et nous savons qu'il les bourrait de paille pour compenser. Rien de tel que cette insécurité quant à sa façon de se tenir debout pour donner un sentiment aussi aigu de vulnérabilité. Et Baudelaire ajoute ici une autre réflexion révélatrice, qui lui a traversé l'esprit : « Bah ! me dis-je, je les laverai avant de baiser, et avant de sortir de la maison. Je monte. À partir de ce moment, il n'est plus question du livre. » Le fait que l'on ait pensé à laver les pieds sales avant de baiser la prostituée et avant de sortir du bordel semble indiquer que *toutes* les parties découvertes du corps de Baudelaire étaient des parties sexuelles. Et l'embarras que les pieds créaient ne faisait qu'ajouter un soupçon délicat et déchirant de misère dans un tableau d'indécence. Cela allait au-delà de ce qui est permis dans une telle maison, car une maison close est un lieu hautement réglementé, où chaque geste obéit à un code – et l'on sait que personne n'est comme les prostituées, tradition ancienne, gardien strict de ce code. Dès qu'il entra dans la « grande maison de la prostitution », Baudelaire se rendit compte qu'il était en dehors – irrémédiablement – de tout ordre établi. Il y avait quelque chose en lui qui dépassait et se prêtait, rien qu'en le regardant et avant même qu'il n'ouvre la bouche, au mépris et à la réprobation. Même dans ce lieu où il se présentait pour un acte d'hommage et d'affection. Même avec un livre à la main, il provoquerait toujours cette réaction.

Mais à partir de ce moment-là, le livre ne serait plus jamais mentionné. Et d'ailleurs Baudelaire avait été reçu dans la maison. Apparemment, son état pitoyable n'avait pas suffi pour lui fermer la porte au nez. À l'intérieur du bordel, il regarda autour de lui comme si c'était la première fois – et peut-être était-ce la première fois. C'était la maison à laquelle il n'avait eu accès que grâce à son livre. En effet, on aurait pu penser que l'écriture lui avait servi avant tout de laissez-passer vers ce lieu. Qu'elle se serait dévoilée progressivement sous ses yeux comme – écrit-il – la séquence d'un « langage hiéroglyphique dont je n'ai pas la clef ». Dont personne n'a la clef. Dans la tradition hermétique, depuis la Renaissance, les hiéroglyphes étaient perçus comme des images dont la clef n'était accessible que par une connaissance secrète. Après Champollion, ils étaient perçus comme des signes phonétiques, un peu comme les lettres de l'alphabet. Leur forme devenait une enveloppe négligeable, une fois déterminé le son auquel elle correspondait. Mais il y avait manifestement une troisième façon de les considérer – et c'est ce qui était maintenant proposé à Baudelaire : comme des images hautement significatives, agissant sur l'esprit mais ne se laissant pas lire et refusant toute « clef ». Tout au plus se laissent-ils visiter et raconter, comme le faisait Baudelaire à ce moment-là, assis à sa table à cinq heures du matin, écrivant une lettre à Asselineau pour raconter son rêve de la nuit.

Il faut observer de près, à la loupe, le passage décisif, la transvaluation, la *métánoia* du raisonnement onirique de Baudelaire : « Alors, je réfléchis que la bêtise et la sottise modernes ont leur utilité mystérieuse, et que, souvent, ce qui a été fait pour le mal, par une mécanique spirituelle, tourne pour le bien. » Mais qu'est-ce qui, au début, a été « fait pour le mal » ? Le bordel lui-même ? Certainement pas, si Baudelaire montre un tel respect et une telle affection pour cette institution qu'il se présente, au milieu de la nuit, sur place pour faire un hommage à la *maîtresse* de la maison du premier exemplaire de son premier livre. Il ne devait pas non plus sembler répréhensible à Baudelaire que le bordel abrite sur ses murs une si riche collection d'œuvres d'art. En fait, ce que l'on voyait habituellement sur les murs des maisons closes du Second Empire n'était que le prolongement, un peu plus licencieux, de ce qui était exposé au printemps de chaque année dans certaines salles du Salon. Baudelaire le savait mieux que quiconque. Quant à l'abondance de « dessins d'architecture et de figures égyptiennes », elle ne pouvait que l'intriguer et le distraire. Il était donc nécessaire d'aller plus loin. Le tournant de sa pensée, celui où ses réflexions commencent à pointer vers une perversité intrinsèque à la configuration des lieux, est atteint lorsque Baudelaire rencontre « une série très singulière » d'images qui oscillent sans arrêt entre histoire naturelle et tératologie. Il y a des oiseaux tropicaux aux yeux vivants – et là nous entrons déjà dans le monstrueux ; il y a des corps mutilés d'oiseaux ; il y a des êtres informes, semblables à des pierres tombées du ciel. Et les légendes précisent qu'il s'agit de fœtus nés des filles travaillant dans le bordel. C'est comme le modèle d'un musée positiviste, une anticipation lombrosienne, où les criminels, les prostituées et les fœtus anormaux sont exposés côte à côte comme des échantillons de la nature dégénérée. Tout cela pour alimenter les études et l'irrésistible courant des Lumières. La première objection qui surgit chez Baudelaire, alors qu'il continue à raisonner dans son rêve, surprend : « La réflexion me vient que ce genre de dessins est bien peu fait pour donner des idées d'amour. » Certes, comparées aux peintures suggestives qui ornaient les murs des bordels de luxe, ces petites images de monstruosités n'invitaient pas au sexe. Mais Baudelaire parle curieusement d'« idées d'amour », comme si toute l'entreprise du bordel avait une nature sentimentale propre qui était mise à mal par la science. Poursuivant sa réflexion, Baudelaire s'interroge : qui diable a pu imaginer cette disposition des objets dans la maison ? Qui sinon *Le Siècle*, qui est pour Baudelaire l'agent symbolique de tout ce qui l'entoure, le moteur de ce mouvement sourd et incessant qui mortifie la vie existante et la transforme en autre chose, évidemment plus avancé, plus scientifique (puisque la science est le Bien), plus éclairé ? Ce mouvement, qui s'efforce d'effacer, avec le zèle d'une ménagère, toute trace du péché originel, est pour Baudelaire une aberration, qui rend de plus en plus difficile la perception de ce qui est. Dans sa perspective, ce mouvement est le mal absolu. Le bordel-musée pourrait donc être son monument – ou son palais interminable. Mais c'est précisément ici que s'opère le renversement. Pas dialectique, car cette pratique spéculative est étrangère à Baudelaire. Mais plutôt théologique, à la manière dont se manifestent certaines catégories obscures comme la « réversibilité » de Joseph de Maistre. Ce que *Le Siècle* pense opérer *ne* donne *pas* le résultat escompté par le journal. Il existe une « mécanique spirituelle » qui régit tout, au-dessus et à l'insu de ceux qui croient agir. Et de cette mécanique résulte un mélange sans précédent, qui se déploie dans le bordel-musée. Baudelaire finit par le regarder avec révérence. Peut-être, sans le savoir, la scène d'une nouvelle épiphanie s'y est-elle déroulée. En fait, cette épiphanie vient immédiatement après, dans la figure du « monstre né dans la maison », qui s'adresse à Baudelaire sur un ton de confiance et de complicité, comme quelqu'un qui peut comprendre, tandis que Baudelaire, de son côté, fait preuve de compréhension et d'intérêt pour son sort. Le monstre, lui aussi, est une « fleur du mal », s'épanouissant sur un sol défoncé par une bêtise féroce, mais capable de révéler une forme qui n'attendait que Baudelaire pour être dévoilée.

Le bordel-musée que Baudelaire a exploré en rêve est aussi le Salon le plus audacieux dont il nous ait laissé la chronique. Le fait qu'il s'agisse d'un musée financé par le *Siècle* est peut-être aussi une allusion rêveuse au fait que le feuilleton du journal s'appelait *Musée Littéraire*. Et Baudelaire, qui exécrait le *Siècle* mais savait qu'il ne pouvait se permettre trop de préjugés sur ses propres sources de revenus possibles, avait essayé – en vain – d'y faire accueillir quelques « échantillons » des *Histoires extraordinaires* qu'il viendrait ensuite offrir à la *maîtresse* de la grande maison de la prostitution.

Quant à la maison elle-même, avec ses vastes galeries et sa « foule de petits cadres », elle se présentait comme un lieu servant avant tout à la représentation. Le genre ou la technique importaient peu : il pouvait s'agir de dessins, de miniatures, de photographies (encore une nouveauté à l'époque). L'important était que *toutes* les images aient un cadre. Seul le cadre permettait d'accéder au domaine de la représentation. Ainsi, la maison apparaissait comme un album d'images à feuilleter en marchant : certaines (mais pas toutes) obscènes, d'autres zoologiques (des oiseaux, même coupés en deux, qui étaient troublants parce qu'au milieu du dessin l'œil de l'animal vivant se détachait, regardant l'observateur), d'autres comme dans un cabinet d'anatomie pathologique : les fœtus des filles, qui constituaient une suite de bétyles primordiaux, une collection de trouvailles préhistoriques avant même d'être tératologiques.

Dans son premier grand essai sur Poe, Baudelaire avait d'emblée posé une question qui présupposait la vision romantique de l'artiste comme bouc émissaire : « Y a-t-il donc des âmes vouées à l'autel, sacrées, pour ainsi dire, et qui doivent marcher à la mort et à la gloire à travers un sacrifice permanent d'elles-mêmes ? » La réponse a été offerte par un exemple éloquent – la vie de Poe lui-même.

Quatre années exactement s'étaient écoulées, et Baudelaire voulait maintenant remettre sa première traduction de Poe entre les mains de la *maîtresse* du bordel-musée. En se promenant dans sa galerie, il rencontra le monstre « né dans la maison » – un autre être apparenté à la famille des boucs émissaires. Pas comme une conséquence d'un rite et d'une expulsion. Mais en tant que condition chronique. Plutôt que d'être expulsé, il avait été exposé sur un piédestal (dans le sens archaïque de celui qui est abandonné au destin). Pour le monstre, c'était l'état normal, dès la naissance. Correspondant à la hantise qui dilue et répète l'acte de tuer à travers des élancements infinitésimaux. Dans cet état, Baudelaire pouvait se reconnaître. C'est pourquoi il s'est réveillé avec la sensation d'être brisé de l'intérieur, comme si sa posture dans le rêve – donc dans l'acte de comprendre (« Toute certitude est dans les rêves », phrase que Baudelaire attribue à Poe mais qui, dans cette formulation péremptoire, était sienne) – avait été identique à celle du monstre.

Pascal fut le plus féroce persécuteur de l'*homme naturel.* Il l'espionnait et le guettait dans tous les coins et recoins, il ne s'accordait aucun répit jusqu'à ce qu'il ait l'impression d'avoir empoisonné tous les « goûts purs et aimables » de sa vie. Et rien ne pouvait être aussi désagréable à *l'homme naturel* que de découvrir que la « molle tranquillité » de ses jours n'était due qu'à l'action d'un « enchantement incompréhensible », l'œuvre d'un magicien malveillant qui répandait sur tous un « assoupissement surnaturel ». Ce n'est qu'à travers cette torpeur que la vie pouvait continuer. Et seuls certains élus – comme Josef K. – se trouvent *contraints* d'en sortir, car c'est seulement pour eux que se lève le voile protecteur qui, pour les autres, a remplacé le liquide amniotique. L'un des élus fut Baudelaire, rongé par l'impression que son « cerveau » était « un miroir ensorcelé ». Il y trouva reflétée à l'envers, comme par un maléfice supplémentaire, l'impalpable magie partout répandue. Ainsi, pas moins que Pascal, mais sans en faire une arme polémique, Baudelaire s'est lui aussi reconnu dans la situation, à la fois risquée et comique, de celui qui marche avec « son gouffre, avec lui se mouvant » et qui, lorsqu'il s'arrête, a besoin de garder une chaise à côté de lui pour se rassurer. Pour lui, cependant, ce n'était pas le résultat et la confirmation d'une révélation. Mais une donnée élémentaire de sa physiologie, « au moral comme au physique », qui l'accompagnait depuis toujours et donnait à chacune de ses paroles une résonance creuse, comme si la vibration sonore se perdait dans un tunnel sans fin.

Pour cette raison aussi, Baudelaire était le chéri de la malchance. Pour lui, tout *tournait mal.* De lui, en inversant les mots de Paul, on pourrait dire : *Omnia vertuntur in malum.* S'il devait être payé pour cinq conférences en Belgique, ils lui en payaient deux, à un cinquième des honoraires convenus, et disaient qu'« ils avaient considéré les autres comme un acte de générosité de (sa) part ». S'il présentait sa candidature à l'Académie française, il se retrouvait face à l'exécré Villemain qui lui criait au visage, « avec une solennité indicible », les mots de dénigrement les plus drôles : « La Toxicologie, Monsieur, n'est pas la morale ! » (les majuscules étaient dans le ton de sa voix). Si deux œuvres littéraires étaient traduites en justice au cours des mêmes mois (et il s'agira des *Fleurs du mal* et de *Madame Bovary*), Flaubert était acquitté et Baudelaire condamné ; le ministère public se demandait même s'il fallait engager une nouvelle action en justice contre la critique que Baudelaire avait écrite sur Madame Bovary, qui avait entre-temps été acquittée. « Tout homme enferme quelque chose de terriblement sombre, de prodigieusement amer, de maudissant, de détestant la vie, le sentiment d'être tombé dans une trappe, d'avoir cru et d'avoir été joué, d'être voué à une rage impuissante, à la démission totale, livré à une puissance barbare et inflexible qui donne et qui retient, qui engage et qui abandonne, qui promet et trahit, et qui nous inflige par surcroît la honte de nous plaindre, de la traiter en intelligence, en être sensible, et que l'on peut toucher... » Valéry a écrit ces lignes sans donner d'exemples. Mais ils étaient la description de la condition chronique de Baudelaire.

Le *guignon*, la malchance, fut dès le début une obsession pour Baudelaire. En 1846, dans les *Conseils aux jeunes littérateurs*, le guignon apparaît au début (tout comme l'obscure et discrète poésie sur le même thème se trouve au début des *Fleurs du mal*). Mais, dans cette première apparition, Baudelaire prétend aussi l'écarter : « Liberté et fatalité sont deux contraires ; vues de près et de loin, c'est une seule volonté. C'est pourquoi il n'y a pas de guignon. » C'est un geste de bravade et d'exorcisme. L'intention est de couvrir un point trop sensible, qui se découvrira finalement en 1852, dans la première grande étude sur Poe. Ici aussi, la malchance est évoquée d'emblée, comme si elle encombrait le chemin avant tout discours : « Il y a des destinées fatales : il existe dans la littérature de chaque pays des hommes qui portent le mot *guignon* écrit en caractères mystérieux dans les plis sinueux de leurs fronts. » C'est le cas de Poe. Mais Hoffmann aussi, Balzac aussi, appartenaient à cette « certaine espèce d'hommes ». Ce sont ceux dont « l'Ange aveugle de l'expiation » prend possession et « les flagelle de toutes ses forces pour l'édification des autres ». Lorsque Kafka, dans une lettre à Brod, écrit que l'écrivain est « le bouc émissaire de l'humanité », la pensée est plus proche que jamais. L'expression, plus sobre. Et ce que Baudelaire appelait « l'édification des autres » est rendu plus net : selon Kafka, l'écrivain « permet à l'humanité de jouir d'un péché sans culpabilité, presque sans culpabilité ».

Lorsque l'art était arrivé à établir son propre culte – et donc à usurper une partie du faste de la religion – il avait dû aussi en assumer la part la plus douloureuse. Si la religion est un sacrifice, quelqu'un doit accepter le rôle de victime. Si l'artiste appartient aux « âmes sacrées », il devra aussi reconnaître quelle est la tâche de ces armées dispersées : être « vouées à l'autel, condamnées à marcher à la mort et à la gloire à travers leurs propres ruines ? ». Les images que Baudelaire utilise à propos de Poe ne sont pas vagues et nébuleuses, mais acérées, fonctionnelles, comme les prescriptions d'une liturgie.

Le cycle de l'écrivain comme bouc émissaire s'était ouvert avec Hölderlin, avait culminé avec Baudelaire-Poe et se terminerait avec Artaud. Après avoir franchi la ligne de partage des eaux de la seconde moitié du XXe siècle, la densité de l'invention littéraire s'amenuise et l'époque semble se consacrer à l'absorption des énergies et des chocs libérés par les décennies précédentes. Mais surtout : la mise en scène de la société qui se sacrifie à elle-même commence à se révéler dans sa folle mesquinerie. Autant le refus du sacrifice « *per sanguinem hircorum aut vitulorum* » avait été irréversible et autant l'idée d'abattre un animal en signe de dévotion à un dieu était devenue inacceptable au fil du temps, autant l'idée de laisser sa vie être brisée par les mâchoires de la société devrait paraître tout aussi répugnante – voire, beaucoup plus. Les derniers des maudits ne sont plus des écrivains mais des rock stars ou des créatures semblables à des concrétions publicitaires. Il incombe maintenant à l'écrivain de trouver une nouvelle stratégie, qui passe le plus souvent inaperçue.

Mais elle aussi avait été anticipée par Baudelaire, lorsqu'il avait revendiqué comme indispensable « le droit de *s'en aller* ». Même si ce droit n'a jamais été inclus dans la longue liste des droits de l'homme, il serait le seul moyen d'échapper à la contrainte de subir le sort de la victime expiatoire. Désormais, la non-adhésion à la société – qui ne se signale plus par des gestes ostensibles mais par une *soustraction silencieuse de la foi* – devient le nouveau signe de reconnaissance, à l'instar des Rose-Croix dispensés de toute liturgie. On ne sait pas combien de temps cet état d'incognito va durer ni ce qu'il va produire. Peut-être seulement de nouvelles formes. On peut imaginer une police encore plus vigilante qui étouffe toute insoumission, mais on peut aussi imaginer un relâchement soudain de la tension – une fois que le Grand Animal, le Juggernaut de la société est abandonné comme un énorme lest.

Par trois fois, Baudelaire a raconté un de ses rêves, « l'aventure sinistre de tous les soirs ». Une fois en vers, une fois sur un morceau de papier détaché, une fois dans sa lettre à Asselineau. Ces trois rêves sont éminemment architecturaux.

Baudelaire hésitait à s'endormir, écrivait-il, par peur de ses rêves. Avec son inquiétante facilité à peindre sur un fond d'obscurité, il savait qu'en quelques instants il pourrait se retrouver « au plein-mer de la rêverie ». Et puis il fallait peu de temps pour tomber dans ce « miracle dont la ponctualité a émoussé le mystère » : le sommeil et le rêve. Il s'est un jour raccroché à ces mots (« Le sommeil est plein de miracles ! ») et a raconté en vers un de ses « rêves parisiens ».

C'était la vision d'un bâtiment inexistant, comme cela arrive si souvent avec l'opium. Un « terrible paysage / Tel que jamais mortel n'en vit ». Celui qui rêvait était aussi l'architecte. Il avait éliminé « le végétal irrégulier », par une allergie de principe envers la nature. Et il s'abandonne à « L'enivrante monotonie / Du métal, du marbre et de l'eau ». Escaliers et portiques. Bassins et chutes d'eau. « Un palais infini », un Mabuse serti de pierres semi-précieuses. Rien de ce qui naît, tout ce qui se répète. Lieux d'une Renaissance nordique, mais avec irruption d'eaux célestes, un Gange – ou plutôt « des Ganges, dans le firmament » (car le rêve n'est jamais avare) se déversaient « dans des gouffres de diamant ». L'ivresse du rêve n'est pas seulement due à la majesté de la vision, mais au fait qu'elle obéissait à la volonté du créateur : « Architecte de mes féeries / Je faisais, à ma volonté, / Sous un tunnel de pierreries / Passer un océan dompté. »

Diriger ses propres rêves : une aspiration grandiose, tibétaine et très ancienne. Et en même temps si particulière à Baudelaire, presque un emblème de son imagination. Mais, cette fois encore, il n'était pas seul. L'année de la mort de Baudelaire, en 1867, paraît un livre singulier : *Les rêves et les moyens de les diriger.* Auteur : Hervey de Saint-Denis, sinologue, bientôt professeur au Collège de France.

Mais comment Baudelaire peut-il savoir que le monstre *est né* dans le musée ? Et pourquoi veut-il affirmer, avec une telle assurance, que cet être a « vécu » ? On sent une étrange complicité, une entente tacite entre Baudelaire et le monstre. Sa première préoccupation est de constater que le monstre « n'est pas laid ». En effet, « Sa figure est même jolie, très basanée, d'une couleur orientale. Il y a en lui beaucoup de rose et de vert ». Ce sont les teintes et les patines préférées de Baudelaire. Le monstre fait penser à la Malabaraise ou à un ciel parisien. Sa position est étrange : blotti et comme pelotonné sur lui-même. Puis on reconnaît l'inquiétude de son monstre : « quelque chose de noirâtre qui tourne plusieurs fois autour de ses membres, comme un gros serpent ». C'est ce qui rend le monstre tel : un appendice encombrant. Maintenant, Baudelaire n'est plus intimidé. Pour la première fois, il se met à parler dans la *maison*, il parle au monstre comme s'ils se connaissaient depuis toujours. Il lui demande ce qu'est ce long serpent noir. Et le monstre lui répond comme s'il se confiait à un ami : oui, dit-il, cet « appendice monstrueux » est très long, il est impossible de l'enrouler autour de la tête comme une queue-de-cheval, il faut donc l'enrouler autour du corps. Et il ajoute : « ce qui, d'ailleurs, fait un plus bel effet ». Le monstre a sa modeste vanité, il tient à paraître beau. Baudelaire l'a compris. « Je cause longuement avec le monstre », ajoute-t-il. Comme les filles le long de la galerie avec les nombreux clients inconnus et avec les collégiens. De plus en plus, la conversation devient intime. Le monstre confie à Baudelaire « ses ennuis et ses chagrins ». *Ennuis, chagrins* : des mots fatals pour Baudelaire, qui reviennent partout dans ses vers, dans ses lettres. Le monstre n'aurait pas pu trouver un meilleur confident.

Le monstre voulait continuer à parler avec Baudelaire. Entrer dans les détails, ce qui veut tout dire. « Mais son principal ennui, c'est à l'heure du souper. Étant un être vivant, il est obligé de souper avec les filles de l'établissement, – de marcher en chancelant, avec son appendice de caoutchouc, jusqu'à la salle du souper, – où il lui faut le garder enroulé autour de lui, ou le placer comme un paquet de cordes sur une chaise, car, s'il le laissait traîner par terre, cela lui renverserait la tête en arrière. » C'est ainsi que le dîner devait se dérouler : les filles entraient, discutaient entre elles et se racontaient la journée. À la table, elles trouvaient le monstre déjà assis, occupant deux places. Sur l'une d'elles reposait l'appendice en caoutchouc, comme un long serpent engourdi. Et ainsi chaque jour. Ils étaient peut-être habitués, mais pas le monstre. Il était désolé, et gêné, d'être obligé, « lui petit et ramassé, de manger à côté d'une fille grande et bien faite ». Le monstre tenait aux apparences, à la beauté. Et il ne pouvait jamais se sentir impeccable. Il y avait toujours ce tas de cordes noires à côté de lui, qui gâchait tout. Comme des pieds nus et mouillés pour Baudelaire. Pourtant, le monstre savait qu'avec Baudelaire, il pouvait parler tranquillement. Il offrait ses explications « sans amertume ». Baudelaire ajoute : « Je n'ose pas le toucher, – mais je m'intéresse à lui. » C'est alors – il était presque cinq heures du matin – que Jeanne s'est mise à faire du bruit avec un meuble de sa chambre, comme une des filles du bordel-musée.

Sources

Le premier chiffre renvoie à la page, le second à la ligne du texte où s'achève la citation.

12,8 : Ch. Baudelaire, *Réflexions sur quelques-uns de mes contemporains: Victor Hugo*, in *Œuvres complètes*, édition de C. Pichois, Gallimard, Paris, vol. II, 1976, p. 130.
12,14 : *Ibid.*, p. 129.
12,17 : *Ibid.*, p. 135.
12,21 : *Ibid.*, p. 131.
12,26 : *Ibid.*, p. 134.
12,28 : V. Hugo, *La pente de la rêverie*, in *Les feuilles d'automne*, in *Œuvres poétiques*, édition de P. Albouy, Gallimard, Paris, vol. I, 1964, p. 771.
13,2 : Ch. Baudelaire, *Réflexions sur quelques-uns de mes contemporains: Victor Hugo*, cit., p. 140.
13,6 : *Ibid.*, p. 141.
13,9 : *Ibid.*, p. 136.
13,14 : Ch. Baudelaire, *Fusées*, in *Journaux intimes*, in *Œuvres complètes*, cit., vol. I, 1975, p. 664.
13,17 : *Loc. cit.*
13,21 : Ch. Baudelaire, *Réflexions sur quelques-uns de mes contemporains: Victor Hugo*, cit., p. 137.

14,1 : Ch. Baudelaire, *Richard Wagner et «Tannhäuser» à Paris*, in *Œuvres complètes*, vol. II, cit., p. 780.

14,9 : F. Nietzsche, *Götzen-Dämmerung*, Streifzüge eines Unzeitgemässen, § 3 *Sainte-Beuve*, in *Sämtliche Werke. Kritische Studienausgabe*, édition de G. Colli et M. Montinari, dtv-de Gruyter, Berlin-Munich, deuxième édition revue, 1988, vol. VI, p. 113.

15,6 : Ch. Baudelaire, *Exposition universelle, 1855, Beaux-arts*, in *Œuvres complètes*, vol. II, cit., p. 596.

15,13 : *Loc. cit.*

15,19 : E. Hello, *L'homme*, Librairie Académique Perrin, Paris, 1941, p. 88.

15,24 : *Loc. cit.*

18,4 : Ch. Baudelaire, *Salon de 1859*, in *Œuvres complètes*, vol. II, cit., p. 608.

18,8 : *Loc. cit.*

18,22 : Ch. Baudelaire, *Fusées*, cit., p. 666.

20,17 : Ch. Baudelaire, *Edgar Poe, sa vie et ses œuvres*, in *Œuvres complètes*, vol. II, cit., p. 306.

21,8 : Ch. Baudelaire, *Exposition universelle, 1855, Beaux-arts*, cit., p. 577.

21,15 : *Loc. cit.*

22,22 : Ch. Baudelaire, *Le Poème du hachisch*, in *Les Paradis artificiels*, in *Œuvres complètes*, vol. I, cit., p. 430.

23,3 : *Loc. cit.*

25,17 : Lettre de Ch. Baudelaire à C. Aupick du 12 avril 1856, in *Correspondance*, édition de C. Pichois, avec la collaboration de J. Ziegler, Gallimard, Paris, 1973, vol. I, pp. 346-47.

26,14 : Lettre de Ch. Baudelaire à H. Hostein du 8 novembre 1854, in *Correspondance*, cit., vol. I, p. 299.

27,3 : Lettre de Ch. Baudelaire à C. Aupick du 5 mars 1866, in *Correspondance*, cit., vol. II, p. 625.

29,11 : Ch. Baudelaire, *Fusées*, cit., p. 658.

29,14 : Ch. Baudelaire, *Le Vin des amants*, v. 1, in *Les Fleurs du mal*, in *Œuvres complètes*, vol. I, cit., p. 109.

29,22 : *Ibid.*, vv. 9-11, p. 110.
30,2 : Ch. Baudelaire, *Mon cœur mis à nu*, in *Journaux intimes*, cit., p. 701.
31,7 : Nadar, *Le Peintre de la vie moderne*, in «Le Figaro», 15 mars 1892.
31,17 : Ch. Baudelaire, *Le Peintre de la vie moderne*, in *Œuvres complètes*, vol. II, cit., p. 684.
31,23 : E. et J. de Goncourt, *Journal*, édition de R. Ricatte, Robert Laffont, Paris, 1989, vol. I, p. 247.
32,2 : Th. Gautier, *Charles Baudelaire*, in *Portraits littéraires*, Aubry, Paris, 1943, p. 241.
33,7 : Lettre de Ch. Baudelaire à A. Poulet-Malassis du 16 février 1859, in *Correspondance*, cit., vol. I, p. 550.
34,12 : Ch. Baudelaire, *Le Peintre de la vie moderne*, cit., p. 685.
34,15 : *Loc. cit.*
34,22 : *Loc. cit.*
35,8 : *Ibid.*, pp. 685-86.
36,6 : *Ibid.*, p. 686.
37,7 : Ch. Baudelaire, *Au Lecteur*, v. 39, in *Les Fleurs du mal*, cit., p. 6.
37,14 : Lettre de A. Rimbaud à sa famille du 4 août 1888, in *Œuvres complètes*, édition de A. Adam, Gallimard, Paris, 1972, p. 502.
37,20 : *Ibid.*, p. 501.
38,9 : Ch. Baudelaire, *Un mangeur d'opium*, in *Les Paradis artificiels*, cit., p. 496.
38,16 : J. Gracq, *Le Grand Paon*, in *Préférences*, in *Œuvres complètes*, édition de B. Boie, Gallimard, Paris, vol. I, 1989, p. 917.
38,24 : F.-R. de Chateaubriand, *Préface* à *Atala*, in *Œuvres romanesques et voyages*, édition de M. Regard, Gallimard, Paris, vol. I, 1969, p. 19.
39,6 : *Loc. cit.*
39,20 : Ch. Baudelaire, *Au Lecteur*, cit., v. 39, p. 6.
40,5 : F.-R. de Chateaubriand, *René*, in *Œuvres romanesques et voyages*, vol. I, cit., p. 119.
40,8 : *Loc. cit.*
40,11 : Ch. Baudelaire, *L'Ennemi*, vv. 1-2, in *Les Fleurs du mal*, cit., p. 16

40,1 : Ch. Baudelaire, *Salon de 1859*, cit., p. 645.

42,3 : Lettre de Ch. Baudelaire à C. Aupick du 1° avril 1861, in *Correspondance*, cit., vol. II, p. 141.

42,9 : Ch. Baudelaire, *Le Poème du hachisch*, cit., p. 436.

43,12 : Ch. Baudelaire, *Carnet, 109*, in *Journaux intimes*, cit., p. 777.

43,14 : Ch. Baudelaire, *Mon cœur mis à nu*, cit., pp. 692-93.

43,15 : Ch. Baudelaire, *«La servante au grand coeur...»*, v. 1, in *Les Fleurs du mal*, cit., p. 100.

43,19 : Ch. Baudelaire, *Hygiène*, in *Journaux intimes*, cit., p. 673.

43,26 : Lettre de Ch. Baudelaire à C. Aupick du 1° avril 1861, in *Correspondance*, cit., vol. I, p. 140.

44,9 : Lettre de V. Hugo à Ch. Baudelaire du 6 octobre 1859, in *Lettres à Charles Baudelaire*, édition de C. Pichois, avec la collaboraton de V. Pichois, La Baconnière, Neuchâtel, 1973, p. 188.

44,17 : F. Porché, *Baudelaire. Histoire d'une âme*, Flammarion, Paris, 1944, p. 483.

44,19 : *Loc. cit.*

45,2 : Lettre de Ch. Baudelaire à N. Ancelle du 5 mars 1852, in *Correspondance*, cit., vol. I, p. 188.

45,13 : Lettre de Ch. Baudelaire à Nadar du 16 mai 1859, *ibid.*, p. 579.

46,5 : Lettre de Ch. Baudelaire à C. Aupick du 20 juillet 1859, *ibid.*, p. 588.

46,10 : *Loc. cit.*

46,22 : Ch. Baudelaire, *Le Poème du hachisch*, cit., p. 431; *Fusées*, cit., p. 658 ; *Théophile Gautier [I]*, in *Œuvres complètes*, vol. II, cit., p. 124; *Exposition universelle, 1855*, cit., p. 580.

47,7 : J. Laforgue, *Baudelaire*, in *Œuvres complètes*, édition de J.-L. Debauve, M. Dottin-Orsini, D. Grojnowski et P.-O. Walzer, avec la collaboration de M. de Courten et M. Hannoosh, L'Age d'Homme, Lausanne, vol. III, 2000, p. 165.

47,11 : *Ibid.*, p. 177.

47,13 : *Ibid.*, p. 171.

47,14 : *Ibid.*, p. 180.
47,15 : *Ibid.*, p. 178.
48,1 : Horace, *Ars poetica*, v. 128.
48,9 : J. Laforgue, *Baudelaire*, cit., p. 166.
49,4 : Ch. Baudelaire, *Salon de 1859*, cit., p. 666.
49,9 : *Ibid.*, p. 667.
49,11 : Ch. Baudelaire, *Peintres et aquafortistes*, in *Œuvres complètes*, vol. II, cit., p. 738.
49,12 : Ch. Baudelaire, *Lola de Valence*, v. 4, in *Les Épaves*, in *Œuvres complètes*, vol. I, cit., p. 168.
49,14 : É. Zola, *Édouard Manet* (1884), in *Mon Salon - Manet - Écrits sur l'art*, Garnier-Flammarion, Paris, 1970, p. 362.
50,7 : Lettre de Ch. Baudelaire à A. Poulet-Malassis du 8 janvier 1860, in *Correspondance*, cit., vol. I, p. 655.
50,11 : *Loc. cit.*
50,14 : *Loc. cit.*
50,16 : *Loc. cit.*
50,17 : *Loc. cit.*
50,19 : *Loc. cit.*
50,27 : *Ibid.*, p. 656.
51,1 : P. Valéry, *Triomphe de Manet*, in *Œuvres*, édition de J. Hytier, Gallimard, Paris, vol. II, 1960, p. 1327.
51,5 : *Loc. cit.*
52,6 : Ch. Baudelaire, *Fusées*, cit., p. 665.
52,8 : F. Nietzsche, *Nachgelassene Fragmente, Frühjahr 1888*, cit., p. 91, fr. 11[234].
52,12 : Ch. Baudelaire, *Fusées*, cit., p. 666.
52,14 : F. Nietzsche, *Nachgelassene Fragmente, Frühjahr 1888*, cit., p. 92, fr.11[234].
52,18 : Ch. Baudelaire, *Fusées*, cit., p. 666.
52,22 : *Ibid.*, p. 667.
52,24 : Ch. Baudelaire, *Fusées*, cit., p. 666.

54,4 : Ch. Baudelaire, *Le Poème du hachisch*, cit., p. 430.
54,5 : *Loc. cit.*
54,14 : *Ibid.*, pp. 430-431.
55,1 : Lettre de Ch. Baudelaire à A. Poulet-Malassis du 16 février 1860, in *Correspondance*, cit., vol. I, p. 670.
55,7 : *Loc. cit.*
55,12 : Lettre de Ch. Baudelaire à A. Poulet-Malassis du 8 janvier 1860, *ibid.*, p. 656.
57,2 : Ch. Baudelaire, *Théophile Gautier [I]*, cit., p. 108.
57,10 : *Loc. cit.*
58,19 : Lettre de Ch. Baudelaire à C. Aupick du 8 mai 1865, in *Correspondance*, cit., vol. II, pp. 495-96.
59,19 : Ch. Baudelaire, *Salon de 1846*, in *Œuvres complètes*, vol. II, cit., p. 494.
60,9 : J. Gracq, *Carnets du grand chemin*, in *Œuvres complètes*, cit., vol. II, avec la collaboration de C. Dourguin, 1995, p. 1087.
60,14 : *Loc. cit.*
61,6 : A. Thibaudet, *Intérieurs*, Plon, Paris, 1924, p. 41.
61,19 : Ch. Baudelaire, *Confession*, vv. 29-32, in *Les Fleurs du mal*, cit., p. 46.
62,12 : Lettre de Ch. Baudelaire à A. Sabatier du 7 février 1854, in *Correspondance*, cit., vol. I, p. 266.
62,25 : Lettre de Ch. Baudelaire à C. Aupick du 13 mars 1854, *ibid.*, p. 272.
63,1 : *Loc. cit.*
64,10 : Lettre de Ch. Baudelaire à H. Tisserant du 21 janvier 1854, *Correspondance*, édition de C. Pichois, avec la collaboration de J. Ziegler, Gallimard, Paris, vol. I, deuxième édition 1993, p. 1080.
65,1 : Lettre de Ch. Baudelaire à H. Tisserant du 28 janvier 1854, *Correspondance*, cit., vol. I, p. 257.
65,2 : *Loc. cit.*
65,4 : *Ibid.*, p. 258.
65,5 : *Loc. cit.*
65,11 : *Ibid.*, p. 260.

65,16 : *Loc. cit.*
65,20 : *Ibid.*, p. 262.
65,25 : *Ibid.*, p. 259.
66,6 : *Loc. cit.*
68,12 : Lettre de Ch. Baudelaire à C. Aupick du 31 janvier 1854, *ibid.*, p. 263.
69,24 : Lettre de Ch. Baudelaire à C. Aupick du 13 décembre 1862, *ibid.*, vol. II, p. 273-274.
69,26 : Ch. Baudelaire, *Au Lecteur*, v. 39, cit., p. 6.
70,20 : W. Benjamin, *Das Passagen-Werk. Aufzeichnungen und Materialen*, in *Gesammelte Schriften*, avec la collaboration de Th.W. Adorno et G. Scholem, édition de R. Tiedemann e H. Schweppenhäuser, Suhrkamp, Francfort-sur-le-Main., vol. V, tome I, 1982, pp. 161-62.
71,11 : P.J. Jouve, *Tombeau de Baudelaire*, Éditions du Seuil, Paris, 1958, p. 61.
73,5 : Th. Gautier, *Les Beaux-Arts en Europe. 1855*, Michel Lévy Frères, Paris, vol. I, 1855, p. 63.
73,20 : E.A. Poe, *The Fall of the House of Usher* (1839), in *Tales of the Grotesque and Arabesque*, Lea and Blanchard, Philadelphie, vol. I, 1840, p. 86.
73,23 : *Ibid.*, p. 87.
73,25 : *Loc. cit.*
73,27 : G. Manganelli, Préface à E.A. Poe, *Opere scelte*, édition de G. Manganelli, Mondadori, Milan, 1971, p. XXXI.
74,13 : *Ibid.*, p. XXXII.
75,5 : Lettre du Ch. Baudelaire à C. Mendès du 3 septembre 1865, in *Correspondance*, vol. II, cit., p. 527.
76,3 : Lettre de Ch. Baudelaire à N. Ancelle du 30 janvier 1866, *ibid.*, p. 582.
77,6 : Ch. Baudelaire, *Notices bio-bibliographiques*, in *Œuvres complètes*, vol. I, cit., p. 784.

77,14 : Ch. Baudelaire, *À une Malabaraise*, vv. 27-28, in *Les Épaves*, cit., p. 174.

79,9 : Lettre de Ch. Baudelaire à C. Aupick du 15 mars 1856, in *Correspondance*, cit., vol. I, p. 341.

80,1 : Lettre de Ch. Baudelaire à Ch. Asselineau du 13 mars 1856, *ibid.*, p. 338.

80,4 : *Loc. cit.*

80,5 : *Loc. cit.*

80,19 : Lettre de Ch. Baudelaire à Th. Thoré du 20 juin 1864 [ca], in *Correspondance*, cit., vol. II, p. 386.

81,6 : Ch. Baudelaire, *«Je n'ai pas pour maîtresse une lionne illustre»*, v. 8, in *Œuvres complètes*, vol. I, cit., p. 203.

81,10 : É. Chevalet, *Les 365. Annuaire de la littérature et des auteurs contemporains par le dernier d'entre eux*, Havard, Paris, 1858, p. 66, cit. in C. Pichois, *Notices, notes et variantes*, in Ch. Baudelaire, *Œuvres complètes*, vol. II, cit., p. 1202.

81,27 : Lettre de Ch. Baudelaire à Ch. Asselineau du 13 mars 1856, in *Correspondance*, cit., vol. I, p. 338.

82,5 : *Loc. cit.*

82,7 : *Loc. cit.*

83,9 : *Ibid.*, pp. 338-39.

83,22 : *Ibid.*, p. 339.

84,6 : *Ibid.*, p. 338.

84,25 : *Loc. cit.*

85,19 : *Ibid.*, p. 340.

86,6 : *Ibid.*, p. 339.

86,11 : *Loc. cit.*

86,26 : *Loc. cit.*

87,24 : *Ibid.*, p. 340.

88,4 : *Loc. cit.*

89,9 : Lettre de Ch. Baudelaire à E. Pelletan du 17 mars 1854, *ibid.*, p. 273.

89,13 : Lettre de Ch. Baudelaire à Ch. Asselineau du 13 mars 1856, *ibid.*, p. 339.

90,6 : Ch. Baudelaire, *Edgar Poe, sa vie et ses ouvrages*, in *Œuvres complètes*, vol. II, cit., p. 250.

90,12 : Lettre de Ch. Baudelaire à Ch. Asselineau du 13 mars 1856, in *Correspondance*, cit., vol. I, p. 339.

90,24 : Ch. Baudelaire, *Notes nouvelles sur Edgar Poe*, in *Œuvres complètes*, vol. II, cit., p. 323.

91,5 : M. de Montaigne, *Essais*, in *Œuvres complètes*, édition de M. Rat et A. Thibaudet, Gallimard, Paris, 1962, livre I, chapitre XX, p. 81.

91,7 : *Loc. cit.*

91,10 : B. Pascal, *Pensées*, in *Œuvres complètes*, édition de M. Le Guern, Gallimard, Paris, vol. II, 2000, n. 398, p. 685.

91,17 : *Loc. cit.*

91,22 : Ch. Baudelaire, *Le Gouffre*, v. 1, in *Les Fleurs du mal*, cit., p. 142.

91,27 : Ch. Baudelaire, *Fusées*, cit., p. 658.

92,5 : Ch. Baudelaire, *Hygiène*, cit., p. 668.

92,10 : Lettre de Ch. Baudelaire à N. Ancelle du 27 mai 1864, in *Correspondance*, cit., vol. II, p. 369.

92,15 : Lettre de Ch. Baudelaire à V. de Laprade du 23 décembre 1861, *ibid.*, p. 199

93,4 : P. Valéry, *Mauvaises pensées et autres*, in *Œuvres*, vol. II, cit., pp. 815-16.

93,16 : Ch. Baudelaire, *Conseils aux jeunes littérateurs*, in *Œuvres complètes*, vol. II, cit., p. 14.

93,24 : Ch. Baudelaire, *Conseils aux jeunes littérateurs*, in *Œuvres complètes*, vol. II, cit., p. 14.

93,26 : Ch. Baudelaire, *Edgar Poe, sa vie et ses ouvrages*, cit, p. 249.

94,1 : *Loc. cit.*

94,3 : Lettre de F. Kafka à M. Brod du 6 juillet 1922, in *Max Brod, Franz Kafka. Eine Freundschaft, II. Brief-wechsel*, édition de M. Pasley, S. Fischer, Francfort-sur-le-Main, 1989, p. 380.

94,7 : *Loc. cit.*
94,15 : Ch. Baudelaire, *Edgar Poe, sa vie et ses œuvres*, cit., pp. 296-97.
95,2 : *Ad Hebraeos*, 9, 12.
95,13 : Ch. Baudelaire, *Edgar Poe, sa vie et ses œuvres*, cit., p. 306.
96,2 : Ch. Baudelaire, *Fusées*, cit., p. 654.
96,9 : Ch. Baudelaire, *Du vin et du hachisch*, in *Les Paradis artificiels*, cit., p. 383.
96,11 : Ch. Baudelaire, *Le Poème du hachisch*, in *Les Paradis artificiels*, cit., p. 408.
96,13 : Ch. Baudelaire, *Rêve parisien*, v. 5, in *Les Fleurs du mal*, cit., p. 101.
96,17 : *Ibid.*, vv. 1-2, p. 101.
96,18 : *Ibid.*, v. 8, p. 101.
96,21 : *Ibid.*, vv. 11-12, p. 101.
96,22 : *Ibid.*, v. 14, p. 102.
96,26 : *Ibid.*, v. 34, p. 102.
96,27 : *Ibid.*, v. 36, p. 102.
97,4 : *Ibid.*, vv. 37-40, p. 102.
98,3 : Lettre de Ch. Baudelaire à Ch. Asselineau du 13 mars 1856, in *Correspondance*, cit., vol. I, p. 340.
98,6 : *Loc. cit.*
98,8 : *Loc. cit.*
98,14 : *Loc. cit.*
98,21 : *Loc. cit.*
98,24 : *Loc. cit.*
98,26 : *Loc. cit.*
99,3 : *Loc. cit.*
99,15 : *Loc. cit.*
99,23 : *Loc. cit.*
100,2 : *Loc. cit.*
100,4 : *Loc. cit.*

Composition et mise en pages :
Flexedo (prepresse@flexedo.com)

Cet ouvrage,
le trente-septième de la collection
« Les Belles Lettres/Essais »
a été achevé d'imprimer
en octobre 2021
sur les presses
de La Manufacture Imprimeur
52205 Langres Cedex, France

N° d'éditeur : 10051
N° d'imprimeur : 211057
Dépot légal : novembre 2021

Imprimé en France